gril 1622. *fourbisseurer*

ARTICLES,

feu 1628.
7 on 1629
Juillet 1644

STATUTS,

ORDONNANCES ET REGLEMENS

DES GARDES, JUREZ, ANCIENS BACHELIERS
& Maîtres de la Communauté des Maîtres & Marchands Fourbiffeurs de la Ville , Fauxbourgs, Banlieuë , Prévôté & Vicomté
de Paris :

Tirez des Anciens Statuts de ladite Communauté accordez par les
feux Rois Philippes III. dit *le Hardy*; Loüis II. François I. Henry
II. & Charles I X. des années 1290. Juin 1467. 18. Septembre
1543. Septembre 1550. 18. Octobre 1554. Mars 1566. & Juin
1572. confirmez par les Lettres Patentes du feu Roy Loüis XIII.
dit *le Jufte*, de glorieufe memoire , du mois d'Avril 1627. & Août
1638. verifiez au Parlement de Paris.

Réimprimez du tems & par les foins de

Meffieurs
{
JACQUES LE VASSEUR,
MARTIN FOURNIER,
JEAN-BAPTISTE SALMON,
& FRANÇOIS-BARTHELEMY DROÜAIN,
} Jurez en Charge.

22. avril 1651.
Juillet 1663.
31. Juillet 1663.
8. avril 1655.
3. May 1693.
24. Juillet 1698.
12. May 1701

18. aoust 1701
27. Juillet 1706.
27. May 1707
6. aoust 1707
5. 7bre 1707
19. Juin 1709
27. Juin 1710.

5 aoust 1716
3. 7bre 1677
28. avril 1724
4. Juillet 1733
18. Juin 1234
Decembre 123.

A PARIS,

De l'Imprimerie de J. LAMESLE, au bout du Pont S. Michel,
du côté du Marché-Neuf , au Livre Royal.

M. D C C. X L.

ARTICLES,

STATUTS,

ORDONNANCES ET REGLEMENS

Des Gardes , Jurez , Anciens Bacheliers & Maîtres de la Communauté des Fourbisseurs de la Ville , Fauxbourgs, Banlieuë , Prévôté & Vicomté de Paris.

ARTICLE PREMIER.

PREMIEREMENT, avant qu'aucun puisse parvenir à être Maître Fourbisseur & Garnisseur d'Epées, Dagues, Lances, Hallebardes, Piques, Javelines, Boulges, Epieux, Masses, Pertuisanes, Haches, & autres Bâtons maniables à la main, servans au fait d'Armes, & Maître dudit Métier en la Ville de Paris , faudra qu'il soit Apprentif de Paris sous Maîtres dudit Métier , par le tems & espace de cinq ans, sinon les Enfans des Maîtres, ainsi qu'il sera dit après.

I I.

Item. Et payeront les Apprentifs d'entrée & pour être

A ij

reçûs Apprentifs audit Métier douze fols Parifis au Roy nôtre
Sire , & quatre fols Parifis aux quatre Maîtres Jurez & Gar-
des dudit Métier, , & ne pourra avoir chacun Maître dudit
Métier qu'un Apprentif, ou deux. Et qui contreviendra à cette
Ordonnance , payera douze fols Parifis d'amende, à appliquer
les trois quarts au Roy , & la quatriéme partie aufdits Maîtres
Jurez - Gardes, pour fupporter les charges & frais qu'il con-
vient faire , les Vifitations & autres Charges dudit Métier.

I I I.

Item. Ceux qui uferont dudit Métier de Fourbiffeur , demeurans aux Fauxbourgs & Banlieuë , ou hors Paris qui ne font
Maîtres, ne pourront recevoir, prendre, ne tenir aucun Apprentif
pour luy apprendre ledit Métier, qu'il ne luy declare auparavant
que le tems qu'il demeurera avec eux ne luy pourra profiter
pour gagner la Franchife , aux fins d'acquerir puis après la
Maîtrife en la Ville de Paris , & ce à peine de cent fols Parifis
d'amende à appliquer comme deffus , & dommages-interêts
envers lefdits Apprentifs.

I V.

Item. Si aucun Serviteur alloit à aucun Maître dudit Métier avant fon terme parachevé , ou qu'il foit content de luy,
ne pourra aller fervir d'autre Maître , ne pareillement autre
Maître ne le pourra prendre fur peine de douze fols Parifis d'a-
mende à appliquer comme deffus.

V.

Item. Si un Compagnon ayant fervi un Maître d'aillieurs
l'efpace de trois ans, & ait parachevé le tems à quoy il étoit
obligé , vient en cette Ville de Paris , & fert trois ans con-
tinuels un Maître dudit Métier , il pourra être fait Maître par
Chef-d'œuvre s'il eft trouvé fuffifant, combien qu'il n'ait été
fix ans Apprentif en ladite Ville.

V I.

Item. Quiconque voudra être Maître dudit Métier en la Ville de Paris, faudra qu'il faſſe Chef-d'œuvre, & payera vingt ſols Pariſis au Roy, & aux quatre Maîtres Jurez-Gardes dudit Métier le Droit par cy-devant accoûtumé, fors & reſervé les Fils des Maîtres dudit Métier de ladite Ville nez en loyal Mariage, fors qu'ils ſoient paſſez Maîtres audit Métier ſans faire Chef-d'œuvre, ou de Don du Roy, ſeize ſols Pariſis, & aux Jurez dudit Métier ne payeront aucune choſe, pourvû qu'ils ayent beſongné dudit Métier par l'eſpace de cinq ans près leur Pere, ou autres Maîtres dudit Métier, en Paris ou ailleurs.

V I I.

Item. Et pour bien connoître ſi le Chef-d'œuvre eſt dûëment fait, & ſi celuy qui pourchaſſe étoit fait Maître par Chef-d'œuvre, autrement étoit idoine & ſuffiſant, les quatre Maîtres Jurez-Gardes dudit Métier appelleront quatre Bacheliers dudit Métier, des Immediats qui auront été Jurez dudit Métier avec eux, pour voir & entendre l'experience, & ſçavoir d'iceluy qui pourchaſſe être fait Maître, & ce à peine de cent ſols Pariſis auſdits Jurez, à appliquer le tout au Roy.

V I I I.

Item. Tous Marchands Forains qui apporteront Allumelles d'Epées, Dagues, Fers d'Hallebardes, de Lances, de Piques, de Javelines, de Boulges, d'Epieux, de Maſſes, de Pertuiſanes, de Haches, & d'autres Fers de Bâtons maniables à la main, ſervans au fait d'Armes, non prêts & à garnir, ou garnis & prêts à la Ville de Paris pour vendre, ſeront tenus icelles Marchandiſes faire viſiter aux Maîtres Jurez-Gardes avant qu'icelles expoſer en vente, à peine de cent ſols Pariſis à appliquer comme deſſus.

I X.

Item. Et ne pourront les Maîtres dudit Métier acheter de

ladite Marchandife Foraine avant qu'elle foit vifitée, fur peine de vingt fols Parifis d'amende à appliquer comme deffus.

X.

Item. Et lefdites Marchandifes vifitées, celle Partie qui fera nommée n'être bonne, loyale, ne marchande, ne fera ny né pourra être venduë, finon pour ce qui fe trouveroit pouvoir fervir à quelqu'autre ufage; ainfi eft défendu à tous Marchands & autres la vendre en ladite Ville & Banlieuë de Paris, à peine de confifcation defdits Marchandifes fur lefdits Marchands qui les expoferont en vente après ladite Vifitation.

X I.

Item. Après avoir vifité lefdites Marchandifes, & le plûtôt après ladite Vifitation faite, feront tenus lefdits Maîtres Jurez-Gardes avertir les autres Maîtres dudit Métier s'ils veulent chacun d'eux fa Part & Portion de ladite Marchandife; ce qu'ils pourront avoir qui voudra, combien qu'un feul ou deux dudit Métier euffent déja acheté toutes les autres Marchandifes vifitées.

X I I.

Item. Et pour ce que lefdits Maîtres Jurez-Gardes dudit Métier mettent beaucoup de tems & peine à faire lefdites Vifitations de Marchandifes Foraines, & auffi à faire lefdites Vifitations des Ouvrages chez les Maîtres dudit Métier, & chez autres non étans Maîtres dudit Métier; il eft permis aufdits Jurez prendre fur les Marchandifes Foraines apportées à Paris à vendre; c'eft à fçavoir, des Allumelles d'Epées, Hallebardes dorées, pour chacune d'icelles Piéces, & fera non garnies & garnies, quatre deniers Parifis de Hallebardes, Pertuifanes, Haches d'Armes & Epieux, le tout non doré, Lances de Guerre, Javelines & Piques, deux deniers Parifis pour douzaine; que les Marchands qui auront apporté lefdites Marchandifes à Paris feront tenus de payer, bailler & délivrer aufdits Jurez.

X I I I.

Item. Et nulle Perfonne autre que les Maîtres dudit Métier & leurs Serviteurs Domeftiques ne pourra befongner en cette Ville de Paris pour foy, ne faire befongner par autres dudit Métier de Fourbiffeur & Garniffeur d'Epées, Dagues, Halle-bardes & autres Bâtons fufdits en la Chambre, ouvrir Bouti-que ne autre Lieu, fur peine de confifcation defdites Mar-chandifes, & outre d'amende arbitraire.

X I V.

Item. Sera défendu à tous Compagnons Doreurs fur Fer demeurans en Chambre en ladite Ville & Fauxbourgs de Paris, de dorer & argenter aucunes Garnitures d'Epées & Dagues, icelles monter & garnir de Fourreaux, ne expofer en vente publiquement, ne autrement, s'ils ne font Maîtres dudit Métier, ayant fait Chef-d'œuvre & experience d'iceluy en la prefence des quatre Maîtres Jurez-Gardes dudit Métier de Fourbiffeur d'Epées, fur peine de confifcation defdites Gar-nitures & Fourreaux, & de dix livres Parifis d'amende pour chaque fois qu'ils feront trouvez faifant le contraire; dont le tiers fera appliqué au Roy, l'autre tiers aux Pauvres de la-dite Ville, l'autre tiers aux Maîtres Jurez-Gardes dudit Métier.

X V.

Item. Sera pareillement défendu à tous Marchands Merciers de ladite Ville & Fauxbourgs de Paris, foit de la Salle du Palais, ou autres Lieux, Quinquailliers, Contre-Porteurs, Fripiers, & autres ayant Magafin d'Armes en ladite Ville & Fauxbourgs, de n'expofer en vente aucunes Epées, Dagues, faire ou faire Fourreaux de Veloux ou de Cuir, dorer, faire dorer, ne argenter aucunes Garnitu d'Epées, ny Dagues, fourbir, garnir, monter, ne faire monter aucunes Allumelles ne autres Bâtons & Armes concernans & appartenans audit Métier de Fourbiffeur, fur peine de confifcation defdits Ouvrages &

Marchandifes , & de dix livres Parifis d'amende , à appliquer la moitié au Roy, & l'autre moitié aux Jurez dudit Métier ; lefquels Marchands Merciers & autres ne pourront, pour éviter aux abus qui fe commettent ordinairement au fait defdites Armes où confifte le plus fouvent la vie de plufieurs Princes & Grands Seigneurs de ce Royaume, vendre , ne expofer en vente aucunes defdites Epées , Dagues, Allumelles , ne autres Bâtons fervans à iceluy Métier, que premierement ils n'ayent été vûs & vifitez des quatre Maîtres Jurez - Gardes d'iceluy Métier de Fourbiffeur , qui font ceux qui ont la connoiffance de la bonté ou mauvaifté defdites Armes , jaçoit que lefdites Armes ayent été vifitées par les Gardes defdits Marchands Merciers , ce qui n'eft en leur connoiffance ne d'autres qui ne font dudit Métier de Fourbiffeur , & ce à peine de vingt livres Parifis d'amende, à appliquer, à fçavoir , le tiers au Roy, l'autre aux Pauvres, & l'autre tiers aux Jurez - Gardes dudit Métier.

XVI.

Item. Sera auffi permis aufdits quatre Jurez-Gardes dudit Métier de Fourbiffeur aller dorénavant en vifitation, quand bon leur femblera , par tous les Fauxbourgs de ladite Ville de Paris, foit ès Fauxbourgs S. Germain des Prez , S. Jacques & S. Marcel , & aller vifiter toutes & chacunes les Armes des Fourbiffeurs qui y demeurent , fans que les Juges & Officiers des Jurifdictions fubalternes d'iceux Fauxbourgs , ne autres quelconques les puiffent aucunément empêcher; & ce fur peine de vingt livres Parifis d'amende à appliquer comme deffus pour chacune fois qu'ils les en voudront troubler ou empêcher.

XVII.

Item. Pourront lefdits Maîtres Fourbiffeurs & Garniffeurs d'Epées deffufdits, & leurs Succeffeurs audit Métier, fourbir ou faire fourbir en leurs Ouvroirs & Boutiques toutes fortes d'Allumelles d'Epées , Dagues , Pertuifanes , Hallebardes , Corcelets , Morions , & generalement toutes fortes d'Armes fervans à Gens de Guerre , tant à pied qu'à cheval , lefquels

Harnois

Harnois & Bâtons deſſuſdits pour le bien , utilité , commodité
de la choſe publique & conſervation de ce Royaume , ils pourront vendre & acheter , ainſi que bon leur ſemblera , & quand
l'occaſion ſe preſentera , ſans qu'ils y puiſſent être aucunement
empêchez , troublez , ny viſitez par autres que par les quatre
Maîtres Jurez - Gardes dudit Métier de Fourbiſſeur , & ce à
peine de vingt livres Pariſis d'amende à appliquer comme
deſſus.

X V I I I.

Item. Que nul autre que les Maîtres dudit Métier ne pourra en ladite Ville établir ny expoſer en vente aucune eſpece ,
grandes ou petites Dagues , Lances , Hallebardes , Piques ,
Javelines , Voulges , Epieux , Maſſes , Pertuiſanes , Haches &
autres Bâtons maniables à la main ſervans au fait d'Armes ,
ſans ce que de ce ſe puiſſent excuſer ne exempter aucuns
Marchands , ne autres , n'étans dudit Métier de Fourbiſſeur &
Garniſſeur d'Epées ; car ne peuvent avoir bonne connoiſ-
ſance , comme ont les Maîtres dudit Métier , des fautes qui ſe
trouvent ſouvent eſdits Bâtons & Harnois , eſquels Harnois gît
& conſiſte la vie des Princes , Seigneurs , Gentilhommes , de
tous Gens de Guerre & autres frequentans les Armes , & de
pluſieurs autres Gens , ainſi que l'on voit avenir ſouvent des
Bâtons qu'on avoit achetez d'autres que des Maîtres dudit Métier , & ce à peine de cent ſols Pariſis d'amende pour chacune
fois à appliquer comme deſſus , & autre amende arbitraire.

X I X.

Item. Que nul ne comporte Epées miſericordes , ne autre
choſe de leur Métier par la Ville de Paris dorénavant , ſi ce
ne ſoient les pauvres Gens qui ſoient dudit Métier qui demeurent ès Vive Foraine pour ce qu'ils ne peuvent en leurs Hôtels , & ſeront faites & appareillées de leurs mains & en leurs
maiſons , pour les pareils ôter de la Ville , & pour les fauſſes
œuvres de ceux qui ne ſont pas dudit Métier , & qui en telles
choſes ne ſe connoiſſent , vendroient par la Ville , ſi ce n'eſt
aucun Repaſſant , ou aucun de la Ville Paris qui veüille vendre
Epées par ſouffrance d'argent , qui eſt de l'ancienne Ordonnance.   B

X X.

Item. Que nuls Maîtres dudit Métier n'accoûteront ou mettront en œuvre Allumelles d'Epées, Dagues, Braquemars, qui ne foit bonne , loyale & Marchande , rompuë ne caffée , en feüille ne en poignée , icelles bien & dûëment fourbiront, & ne pourront à icelles mettre autre Garniture que de Fer, non caffée ou rompuë , fi ce nétoit ou d'Or ou d'Argent par le commandement de quelque Prince ou Seigneur , & non de Cuivre ny de Láton , & faire la Poignée de Bois d'Haître de deux tenans , ou faire ladite Poignée avallée d'une Piéce couverte de fil d'Or & d'Argent , Soye , Sayette , Soye ou Peau de Chien de Mer , lequel ils verront être à faire pour le mieux , en peine de vingt fols Parifis pour chacune fois , & d'aucunes des fautes deffufdites.

X X I.

Item. Nul Maître dudit Métier ne fera, ne pourra faire, ne expofer en vente Fourreaux d'Epées ou Dagues qui ne foient de Bois d'Haître faits à la Plane, & feront couverts de Cuir de Veau ou de Maroquin ; & tous Fourreaux couverts de Drap ou de Veloux feront couverts de Cuir fur le Bois , & feront tous lefdits Fourreaux fans Colle , quand à ceux où il n'y aura Couteau & Poinçon & finon à affoir l'arrêt & au Fourreau où il y aura Couteau & Poinçon, qu'ils pourront coller fur les Fourreaux lefdits Couteaux & Poinçons , en peine de douze fols Parifis pour chacune fois d'amende à appliquer comme deffus.

X X I I.

Item. Que nul autre que les Maîtres dudit Métier ne pourront faire lefdites fortes de Fourreaux , fur peine de confifcation pour les abus qui en peuvent arriver chacun jour.

X X I I I.

Item. Que nul Fourbiffeur ne puiffe vendre au Dimanche, fors que deux Fourbiffeurs au tour & comme il échera , parce

que le Dimanche eſt jour de repos, & l'on doit oüir le Service de Nôtre Seigneur, qui eſt de l'ancienne Ordonnance.

XXIV.

Item. Et pour mieux éviter que abus ne ſoient faits audit
Métier, Bâtons & Harnois deſſuſdits, ne en leur Garniture,
pourront les Maîtres, Jurez & Gardes dudit Métier aller quand
bon leur ſemblera, & pour le plus tard ſeront tenus d'aller de
quinze jours en quinze jours en viſitation, & viſiteront toutes
Marchandiſes concernans leurdit Métier, tant en ladite Ville,
Fauxbourgs, qu'en la Banlieuë de Paris : Et pour ce faire
pourront viſiter tant chez les Maîtres dudit Métier qu'autres
non Maîtres où ils ſeroient avertis que l'on feroit leurdit Métier, pour voir s'il y aura abus & fautes en la Marchandiſe qui
ne ſoit bonne & loyale, & auſſi voir s'il y aura faute & abus
ès Garnitures & Ouvrages, ne mal façon par les Maîtres,
Ouvriers non Maîtres ; & qui reſiſtera & contreviendra auſdites Viſitations, ſera condamné à groſſes amendes arbitraires.

XXV.

Item. Et des méfaits, fautes & mal-façons par leſdits Jurez
eſdites Marchandiſes trouvées, feront leſdits Maîtres Jurez-
Gardes le Rapport dedans 24. heures après ladite Viſitation,
pardevant le Prévôt de Paris, ou en la Chambre du Procureur du Roy audit Châtelet ; & ce à peine de huit ſols Pariſis
d'amende applicable comme deſſus pour chacune fois.

XXVI.

Item. Et quand aucun Maître dudit Métier ira de vie à tré-
pas délaiſſant ſa Veuve, elle pourra tenir, ouvrir & joüir
dudit Métier pendant qu'elle ſera Veuve, & avoir Serviteurs
ſuffiſans pour faire ledit Métier ſous elle.

XXVII.

Item. Si ſon feu Mary avoit quelque Apprentif qui n'eût
B ij

parachevé fon tems , elle luy pourra faire parfaire fous elle le
tems qui reftera , ou le bailler à autre Maître par le Congé des
Jurez.

X X V I I I.

Item. Si durant le tems dudit Apprentif elle fe remarie à autre qui ne foit dudit Métier , en ce cas fera tenuë bailler ledit
Apprentif aufdits Jurez pour le bailler à autre Maître pour
parachever fon tems.

X X I X.

Item. S'il plaît au Roy les quatre Gardes ordonnez par les
Bacheliers & autres dudit Métier , feront francs du Guet pen-
dant le tems qu'ils feront Gardes dudit Métier de Fourbiffeur
& Garniffeur d'Epées.

X X X.

Item. Payeront les Apprentifs d'entrée , & pour être reçûs
Apprentifs audit Métier , douze fols Parifis au Roy , & quatre
fols Parifis aux quatre Maîtres Jurez & Gardes dudit Métier ,
& aucun Maître ne pourra avoir qu'un Apprentif qui fera
obligé cinq ans , & fur la derniere année lefdits Maîtres en
pourront prendre encore un autre ; & qui contreviendra à
cette Ordonnance payera au Roy , & la quatriéme partie aufdits Maîtres Jurez-Gardes , pour fupporter les charges & frais
qu'il convient faire ès Vifitations , & autres charges dudit
Métier.

X X X I.

Item. Aucun Serviteur ou Compagnon étant au fervice
d'un Maître , ne pourra aller fervir un autre Maître fans en
avertir le Maître où il fera demeurant un mois auparavant, fur
peine de cent fols Parifis d'amende , tant au Maître qui prendra ledit Compagnon , qu'audit Compagnon.

X X X I I.

Item. Et pour bien connoître fi le Chef-d'œuvre eft dûëment

fait , & fi celuy qui pourchaſſe être fait Maître par Chef-d'œuvre ou autrement , eſt idoine & ſuffiſant , les quatre Maîtres
Jurez feront tenus d'appeller tous les Maîtres qui auront été
Jurez pour bailler le Chef-d'œuvre à un Compagnon, & quand
il fera fait , manderont auſſi les Maîtres Bacheliers pour voir
exactement ſi ledit Chef-d'œuvre fera bien fait , à peine de
cent ſols Pariſis auſdits Maîtres Jurez-Gardes , à appliquer le
tout à Sa Majeſté.

X X X I I I.

Item. Tous Marchands Forains qui apporteront Allumelles
d'Epées , Gardes d'Epées & de Poignards, & les Bouts d'Epées
& Chappes , Bouts de Poignards, Fers d'Hallebardes , de Lances , de Piques , de Javelines, de Voulges , d'Epieux , de Maſſes , de Pertuiſanes , de Haches , & d'autres Fers , de Bâtons
maniables à la main ſervans au fait d'Armes , non prêts & à
garnir, garnis & prêts, en la Ville de Paris, pour vendre , feront tenus icelles Marchandiſes faire viſiter aux Maîtres Jurez-
Gardes dudit Métier , & pour ce faire en avertir l'un deſdits
Maîtres Jurez-Gardes avant qu'icelles expoſer en vente, à peine
de cent ſols Pariſis , à appliquer comme deſſus.

X X X I V.

Item. Et pour ce que les Maîtres Jurez-Gardes dudit Métier
mettent beaucoup de tems & de peine à faire leſdites Viſitations des Marchandiſes foraines , & auſſi à faire Viſitations des
Ouvrages chez les Maîtres , & autres non étans Maîtres dudit
Métier , & qui abuſent ſouvent d'iceluy , il eſt permis auſdits
Jurez prendre ſur les Marchandiſes foraines apportées à Paris
vendre ; c'eſt à ſçavoir , des Allumelles d'Epées pour douzaine
quatre ſols Pariſis , & pour douzaine de Gardes d'Epées deux
ſols Pariſis , & pour douzaine de Poignards, douzaine de Chappes, douzaine de Bouts, deux ſols Pariſis ; & pour les Pertuiſanes , Hallebardes , Fers de Piques , Haches d'Armes dorez ,
Epieux dorez , Fers non garnis & garnis, pour douzaine d'i-
celles Piéces deux ſols Pariſis ; des Fers de Hallebardes , Pertuiſanes , Haches d'Armes , & Epieux , le tout non dorez , Lan-

ces de Guerre, Javelines & Piques, deux fols Parifis pour douzaine, que les Marchands qui auront apporté lefdites Marchandifes à Paris feront tenus de payer, bailler & délivrer aufdits
Jurez.

X X X V.

Item. Sera défendu à tous Compagnons Doreurs fur Fer
demeurans en Chambre en ladite Ville & Fauxbourgs de Paris,
de dorer, argenter aucune Garniture d'Epées & Dagues,
icelles monter & garnir de Fourreaux, ne expofer en vente
publiquement, ne autrement, s'ils ne font Maîtres dudit Métier, ayant fait Chef-d'œuvre & Experience d'iceluy en la pré-
fence des quatre Maîtres Jurez-Gardes dudit Métier de Fourbiffeur d'Epées, fur peine de confifcation defdites Garnitures &
Fourreaux, & dix livres Parifis d'amende pour chaque fois
qu'ils feront trouvez faifant le contraire, dont le tiers fera appliqué au Roy, l'autre tiers aux Pauvres de ladite Ville, &
l'autre tiers aux Maîtres Jurez-Gardes dudit Métier : Et dé-
fenfes auffi à aucun Compagnon Fourbiffeur de fe mettre en
Chambre pour monter, garnir, fourbir Epées, dorer, argenter, damafquiner, cifeler, graver, faire Fourreaux & Poignées, à peine de confifcation des Marchandifes, & de dix livres
d'amende.

X X X V I.

Item. Pourront lefdits Maîtres Fourbiffeurs & Garniffeurs
d'Epées deffufdits & leurs Succeffeurs audit Métier en leurs
Boutiques dorer, argenter, damafquiner, cifeler & graver, faire
argenter de rapport & toutes fortes d'Enrichiffures fur toutes
fortes d'Armes qui concernent le Métier de Fourbiffeur, & faire
fourbir toutes fortes d'Allumelles d'Epées, Dagues, Pertuifanes,
Hallebardes, Corcelets, Morions, & generalement toutes fortes
d'Armes vieilles fervans à Gens de Guerre, tant à pied qu'à cheval; lefquels Harnois & Bâtons deffufdits pour le bien, utilité &
commodité de la chofe publique & confervation des Royau-
mes, ils pourront vendre & acheter ainfi que bon leur femblera, & quand l'occafion fe prefentera, fans qu'ils y puiffent
être aucunement empêchez, troublez, ne vifitez par autre

que par les quatre Maîtres Jurez-Gardes dudit Métier de Fourbisseur, & ce à peine de vingt livres Parisis d'amende à appliquer comme dessus.

XXXVII.

Item. Et d'autant qu'il se commet plusieurs abus à la Reception des Maîtres dudit Métier qui se reçoivent aux Fauxbourgs de Paris, ne pourront lesdits Maitres être reçûs dans la Ville sans faire Experience.

XXXVIII.

Item. Les Enfans des Maîtres desdits Fauxbourgs de Paris & d'ailleurs qui auront été Apprentifs de ladite Ville, pourront entrer en la Maîtrise sans faire aucun Chef-d'œuvre, encore qu'ils soient nez auparavant que leur Pere ait été reçû Maître en ladite Ville.

XXXIX.

Item. Que les Poignées des Epées & Poignards se feront d'Argent doré ou d'Argent blanc, le tout fin, sans y ajoûter Cuivre ny Laton, à peine de confiscation & de dix livres d'amende ; & deffenses de faire Brazures & Gardes d'Epées, & nuls Maîtres dudit Métier ne accouteront ou mettront en œuvre Allumelles d'Epées, Dagues, Braquemars qui ne soient bonnes, loyales & marchandes, non rompuës ne cassées, en feüilles ne empoignées, icelles bien & dûëment, & ne pourront à icelles mettre autre Garniture que de Fer, non cassée ou rompuë, si ce n'est d'Or ou d'Argent massif, & pour le service de quelque Prince ou Seigneur, & faire la Poignée de Bois de Haître de deux tenans, ou faire ladite Poignée avallée, d'une Piéce couverte de fil d'Or, d'Argent, Soye, Sayette, Soye ou Peau de Chien de Mer, lequel ils verront être à faire pour le mieux, à peine de vingt sols Parisis pour chacune fois, & d'aucunes des fautes dessusdites.

XL.

Item. Nul Maître Fourbisseur ne pourra dorer ou faire dorer

ou argenter aucunes Gardes d'Epées , Poignards, que fur le
trait de la Lime , ou fiées , foient dorées & argentées, hacher,
elles feront hachées dedans & dehors , & dorées & argentées
d'Or & d'Argent fort, fur peine de confifcation & de dix livres
Parifis d'amende : Et auffi aucun Maître dudit Métier ne fera,
ne pourra faire ne expofer en vente Fourreaux d'Epées ou
Dagues , qu'ils ne foient de Bois de Haître faits à la Plane,
& feront couvertes de Cuir de Veau ou de Maroquin , & tous
Fourreaux couverts de Drap ou de Veloux , feront couverts
de Cuir fur le bout ; & feront tous lefdits Fourreaux fans colle ;
quant à ceux où n'y aura Coûteau & Poinçon qu'ils pourront
coller fur les Fourreaux lefdits Coûteaux & Poinçons, à peine
de douze fols Parifis pour chacune fois d'amende à appliquer
comme deffus.

Tous les fufdits nouveaux Articles & Ordonnances au nombre de douze augmentez, joints & unis avec les premiers Statuts dudit Métier des Maîtres Jurez-Gardes Fourbiffeurs &
Garniffeurs d'Epées de nôtre Ville , Fauxbourgs & Banlieuë
de Paris, pour être unis à l'avenir, lefquels nous octroyons,
concedons , autorifons & approuvons , & de nôtre grace
fpeciale, pleine Puiffance & Autorité Royale, tous lefdits Statuts & Ordonnances , tant anciens que nouveaux , & Privileges dudit Métier ; Iceux autorifons , approuvons , conti-
nuons & confirmons par ces Prefentes , lefquels nous voulons
qu'ils foient dorénavant gardez & obfervez de point en point
felon leur forme & teneur , fans aucunes chofes y changer ou
innover d'iceux, pour au furplus par eux & leurs Succeffeurs
audit Métier joüir & ufer de tous lefdits Statuts, Privileges
& Ordonnances , tant anciens que nouveaux dudit Métier ,
pleinement , paifiblement & perpetuellement. Si donnons en
mandement à nos Amez & féaux Confeillers , les Gens tenans
nôtre Cour de Parlement de Paris , Prévôt dudit Lieu ou fon
Lieutenant , & tous autres nos Jufticiers & Officiers qu'il appartiendra, que nos Prefentes Conceffion , Autorifation, Ap-
probation & Confirmation ils faffent lire , publier & enregiftrer, & du contenu efdits Statuts, Privileges & Ordonnances,
tant anciens que nouveaux , faire fouffrir , laiffer joüir & ufer
lefdits Supplians & leurs Succeffeurs audit Métier de Fourbiffeur

feur & Garniſſeur d'Epées , en contraignant & faiſant à ce
ſouffrir & obéïr tous ceux qu'il appartiendra , & qui pour ce
faire ſeront à contraindre , nonobſtant Oppoſitions ou Appellations quelconques & tous autres Statuts , Privileges, Lettres,
Arrêts & Mandemens à ce contraires , pour leſquels & ſans
préjudice ne voulons être differé ; Car tel eſt nôtre plaiſir.
Et afin que ce ſoit choſe ferme & ſtable à toûjours, Nous avons
fait mettre nôtre Scel à ceſdites Preſentes. D O N N E'E S à Paris
au mois d'Avril l'an de Grace 1627. & de nôtre Regne le dix-
ſept. Signé , Par le Roy en ſon Conſeil , LE SEILLIER.
Et à côté , *Viſa.*

Les preſentes Lettres Patentes portant Ordonnances , ont été , ſuivant
la Sentence d'homologation d'icelles donnée par Monſieur le Lieutenant
Civil , cejourd'huy regiſtrées au douziéme Volume , Regiſtre ordinaire
du Châtelet de Paris ; ce requerant Jacques Renier , Jacques Feran-
don , Jean Gallemant & Jean Meûnier , Maîtres Fourbiſſeurs d'Epées
& d'autres Bâtons au fait d'Armes à Paris , & à preſent Jurez &
Gardes dudit Métier , pour y avoir recours quand beſoin fera. Ce fut
fait au Châtelet de Paris le Samedy vingt-deux Septembre 1629.
Signé , F A U S S E T.

ARREST DE LA COUR DE PARLEMENT,
qui renvoye leſdites Lettres Patentes pardevant le
Prévôt de Paris , ou ſon Lieutenant , pour faire
Droit ſur l'enterinement d'icelles.

Du 8. Février 1628.

V E U par la Cour les Lettres Patentes données à Paris au
mois d'Avril 1627. ſignées ſur le reply , Par le Roy en
ſon Conſeil , LE SEILLIER , & ſcellées du grand Scel de
Cire verte en Lacs de Soye , par leſquelles ledit Seigneur auroit approuvé les anciens Statuts des Maîtres Jurez - Gardes
Fourbiſſeurs & Garniſſeurs d'Epées & autres Bâtons au fait
d'Armes de cette Ville de Paris; enſemble les nouveaux Statuts
contenus eſdites Lettres ; veut que doreſnavant ils ſoient gardez

C

& obfervez, comme plus au long le contiennent lefdites
Lettres : Requête prefentée à ladite Cour par lefdits Maîtres
& Jurez-Gardes Fourbiffeurs le 6ᵉ. jour d'Octobre 1627. afin
d'enterinement defdites Lettres : Conclufions du Procureur
General, & tout confideré. Ladite Cour a renvoyé & renvoye lefdites Lettres au Prévôt de Paris ou fon Lieutenant,
pour faire Droit fur l'enterinement d'icelles, ainfi qu'il verra
être à faire. Fait en Parlement le huitiéme jour de Février 1628.

*Sentence renduë par Monfieur le Lieutenant Civil du
Châtelet de Paris, qui ordonne l'enterinement defdites
Lettres Patentes, & qu'elles feront regiftrées au Re-
giftre des Banniers dudit Châtelet.*

Du 22. Septembre 1629.

A Tous ceux qui ces prefentes Lettres verront : Loüis
Servier, Chevalier, Baron de Saint Briffon, Sieur des
Ruaux & de Saint Firmin, Confeiller du Roy, Gentilhomme Ordinaire de fa Chambre, & Garde de la Prévôté de
Paris : Salut : Sçavoir faifons, que vû les Lettres Royaux en
forme de renvoy de Statuts d'Ordonnance, données à Paris
le dix-neuviéme jour de Février 1627. fignées par le Roy en
fon Confeil, LE SEILLIER, & fcellées du grand Sceau de
Cire jaune, à Nous adreffantes, obtenuës & impetrées par les
Maîtres Jurez-Gardes Fourbiffeurs, Garniffeurs d'Epées, &
autres Bâtons d'Armes de cette Ville de Paris, par lefquelles,
& pour les caufes y contenuës, appert iceux Jurez avoir fait
Plainte à Sadite Majefté des abus, fraudes & malverfations
qui fe commettent en leur Métier, au préjudice des Ordonnances d'iceluy, pour empêcher lefquelles ils avoient fait dreffer
& rediger par écrit douze Articles fignez defdits Jurez-Gardes
& autres Maîtres dudit Métier, attachez aufdites Lettres pour
être ajoûtez à leurfdits Statuts & anciennes Ordonnances, fur
laquelle Plainte Sadite Majefté Nous les auroit renvoyez, &
mandez qu'appellez pardevant Nous le Procureur de Sadite
Majefté au Châtelet de Paris; enfemble tous les Maîtres, Jurez-
Gardes & Bacheliers dudit Métier, ou la plus grande & faine

partie' d'ceux, Nous eussions à leur faire voir , proposer &
donner à entendre le contenu esdits douze Articles, pour être
par eux dorénavant gardez & observez en forme de Statuts,
& avec leurs anciennes Ordonnances , le tout selon & ainsi
qu'il est plus au long contenu esdites Lettres, & pour leur
Consentement donné, & nôtre Avis reçû sur la necessité desdits douze Articles , être pourvû par Sa Majesté selon son
plaisir : Vû aussi les Lettres Patentes du Roy données à Paris
au mois d'Avril audit an 1627. signées sur le reply par le Conseil, Le Seillier, à côté *visa*, & scellées du grand Sceau de Cire
verte en Lacs de Soye rouge & verte, en forme de Confirmation
& Addition des Statuts & Ordonnances dudit Métier, obte-
nus & impetrez par iceux Maîtres & Gardes-Jurez Fourbisseurs
& Garnisseurs d'Epées & autres Bâtons au fait d'Armes de
cette Ville de Paris, par lesquelles appert Sadite Majesté avoir
confirmé les anciennes Ordonnances & Statuts dudit Métier
de Fourbisseur d'Epées & autres Armes de cette Ville de Paris,
ensemble lès douze nouveaux Articles , conformément à l'A-
vis que Nous luy en aurions donné du consentement du Procureur du Roy audit Châtelet, ensuite du Mandement qui Nous
en auroit été fait par cesdites Lettres du 19. Février 1627.
Nôtredit Avis en datte du 15e. jour de Mars audit an 1627.
attaché sous le Contre-scel desdites Lettres ; l'Arrêt de la Cour
de Parlement du 8e. jour de Février 1628. par lequel ladite
Cour après avoir vû lesdites Lettres du Roy cy-devant mentionnées , Nous aurions renvoyez icelles Lettres pour faire
Droit sur l'enterinement desdites Lettres, ainsi que nous ver-
rions être à faire ; la Requête à Nous presentée par lesdits Jurez-Gardes Fourbisseurs d'Epées , & autres Bâtons en fait
d'Armes de cette Ville de Paris , tendante à ce qu'il Nous
plût , conformément ausdites Lettres, pour en joüir par eux
suivant & au desir d'icelles , pour consideration du contenu
en ladite Requête eussions ordonné qu'icelle Requête , avec
lesdites Lettres & Arrêt de la Cour, seroient communiquées
au Procureur du Roy , pour ce fait ordonner ce que de raison : Vû le Consentement d'iceluy Procureur du Roy , avons
lesdites Lettres du mois d'Avril 1627. portant la confirmation
des anciens Statuts & Ordonnances d'iceluy Métier de Four-

C ij

biſſeur d'Armes de' cette Ville de Paris , & des douze nouveaux Articles y mentionnez , enteriné , & icelles enteri-
nons, pour en joüir par leſdits Impetrans ſelon leur forme
& teneur , & ordonne qu'elles ſeront regiſtrées en Regiſtre
des Banniers dudit Châtelet , pour y avoir recours quand beſoin ſera ; En témoin de ce Nous avons fait mettre à ces preſentes Lettres le Scel de ladite Prévôté & Vicomté de Paris. Ce fut
fait & donné par Meſſire Michel Moreau , Conſeiller du Roy
en ſes Conſeils d'Etat & Privé , & Lieutenant Civil de la
Ville , Prévôté & Vicomté de Paris , le Samedy vingt-deuxiéme jour de Septembre 1629. Signé , BAUDESON ,
CARTIER , DROUART.

La preſente Sentence portant Homologation des Lettres Patentes y
mentionnées, a été avec icelles Lettres Patentes regiſtrée au douziéme
Volume des Banniers , Regiſtre ordinaire du Châtelet de Paris ; ce re-
querant Jacques Renier; Jacques Ferandon ; Jean Gallemant; & Jean
Meuſnier, Maîtres Fourbiſſeurs , Garniſſeurs d'Epées & d'autres Bâtons
au fait d'Armes à Paris , & à preſent Jurez-Gardes dudit Métier ,
pour y avoir recours quand beſoin ſera. Fait au Châtelet de Paris le
Samedy vingt-deuxiéme Septembre 1629. Signé , FAUSSET.

SENTENCE RENDUE PAR

M. le Lieutenant Civil au Châtelet de Paris , qui fait
deffenſes au nommé Goyet de vendre ny expoſer en vente
aucunes Epées ny autres Ouvrages dépendans du Métier
de Fourbiſſeur , ſur le Marché , ny de les colporter par
les rües, à peine de confiſcation, d'amende, & de punition
exemplaire , & le condamne aux dépens.

Du 5. Juillet 1644.

A TOUS CEUX QUI CES PRESENTES
LETTRES VERRONT: Loüis Seguier, Che-
valier , Baron de S. Briſſon, Seigneur des Ruaux & de Saint
Firmin , Conſeiller du Roy , Gentilhomme Ordinaire de ſa

Chambre, & Garde de la Prévôté de Paris : Salut. Sçavoir
faifons, que fur la Requête faite en Jugement devant Nous
en la Chambre Civile du Châtelet de Paris par Me. Adrian
de Mufinot, Procureur de Nicolas Henault ; Matthieu Jacob ;
Charles Chefnart ; Jacques Ducanel ; Jacques Cochois ; Antoine Patron ; Claude Vallet & Conforts, tous Maîtres Fourbiffeurs & Garniffeurs d'Epées à Paris, Demandeurs en Saifie
de neuf Epées tant neuves que vieilles trouvées cachées der-
riere des Ais en la Boutique d'Adrian Brillet, Marchand Fripier, demeurant en la Maifon des deux Anges, ruë de la Fri-
perie, felon le contenu au Procès-Verbal du Commiffaire le
Cerf du 15e. jour de Juin dernier : Et encore en confirmation
de l'Avis du Procureur du Roy en la Cour de céans du 18e.
jour dudit mois de Juin ; contre Maître Nicolas Deliené le
jeune, Procureur de Michel Goyet, dit Noguet, Maître Fourbiffeur d'Epées, & Juré dudit Métier, au Fauxbourg S. Vic-
tor, prefent en Perfonne, Deffendeur à ladite Saifie, & em-
pêchant la confirmation dudit Avis ; Parties oüies, lecture
faite du Procès-Verbal dudit Commiffaire le Cerf dudit jour 15.
Juin dernier, contenant la Saifie faite defdites neuf Epées, &
la Reconnoiffance dudit Adrian Brillet, Marchand Fripier,
que lefdites Epées appartenoient audit Goyet, & qu'il les
avoit apportées ledit jour en la Boutique dudit Brillet pour les
vendre fur le Marché : De l'Avis dudit Procureur du Roy dudit jour 18. Juin dernier, par lequel fur la Dénegation faite
par ledit Goyet d'avoir expofé en vente fur le Marché trois
Epées, faifant avec les neuf Epées faifies une douzaine, & d'avoir
auffi expofé en vente lefdites neuf Epées faifies dans la Boutique
du Fripier, auroit été permis aux Demandeurs de faire preuve
de ladite expofition en vente par Témoins de l'Acte du 21e.
jour dudit mois de Juin, contenant la Dépofition de Bernard
Lacombe, Témoin, affigné pour dépofer en l'Enquête Som-
maire qui n'a pû être parachevée, au moyen du Renvoy
requis par ledit Goyet dudit Avis du 18e. jour dudit mois de
Juin, & des autres Piéces & Emplois des Parties. Et oüy Me.
Jacques Lepicard, Avocat du Roy en la Cour de céans, qui
a dit, que par le Procès-Verbal du Commiffaire & par la Dépofition dudit Lacombe, feul Témoin examiné, il y a preuve

fuffifante pour faire voir que ledit Goyet a expofé en vente fur
le Marché & dans la Boutique du Fripier les Epées dont eft
queftion ; ce qu'il n'a pû faire au préjudice de nos Sentences
de Police & Reglemens, & qu'il eft à propos pour faire ceffer
cet Abus & la Contravention à nos Deffenfes, de permettre à
tous les Maîtres Fourbiffeurs de faire faifir (comme les Demandeurs ont fait) les Epées qui feront trouvées être expo-
fées en vente fur le Marché , dans les Boutiques des Fripiers
& par les Ruës par contravention à nofdites Deffenfes : A la
charge de mettre ès mains des Jurez dudit Métier les Exploits & Procez-Verbaux des Saifies pour en faire le Rapport
en Juftice en la prefence des Maîtres Fourbiffeurs qui auront
fait faire les Saifies , & le requiert. Nous avons pour cette
fois, & fans tirer à confequence, fait & faifons main-levée
audit Goyet des neuf Epées fur luy faifies , à luy reftituées,
lefquelles fera le Gardien & Dépofitaire contraint, & partant
déchargé, & l'en déchargeons : Et neanmoins faifons deffenfes audit Goyet & à tous autres de plus vendre ny expofer en
vente aucunes Epées, ny autres Ouvrages dépendans du Métier de Fourbiffeur fur le Marché , dans les Boutiques des
Fripiers ny par les Ruës , à peine de confifcation , d'amende
arbitraire , & de punition corporelle ; & fi condamnons ledit
Goyet ès Dépens faits, tant pardevant ledit Procureur du Roy
que pardevant Nous. Et faifant droit fur les Conclufions des
Gens du Roy , permettons à tous les Maîtres Fourbiffeurs de
faire faifir les Epées & autres Ouvrages de leur Métier qu'ils
trouveront être expofez en vente au préjudice de nos Deffenfes ; à la charge de mettre ès mains des Jurez dudit Métier les
Exploits & Procez-Verbaux des Saifies, qui en feront Rapport
pardevant le Procureur du Roy en la prefence des Maîtres
Fourbiffeurs qui auront fait faire les Saifies. Et fera le prefent
Jugement executé nonobftant oppofitions ou appellations quelconques , faites ou à faire, pour lefquelles ne fera differé. En
témoin de ce Nous avons fait mettre à ces Prefentes le Scel de
ladite Prévôté. Ce fut fait & donné par Meffire Dreux Dau-
bray, Confeiller du Roy en fes Confeils d'Etat & Privé, &
Lieutenant Civil de ladite Prévôté , tenant le Siége le Mardy
5. Juillet 1644. Signé, FAVIERES. Et fcellé.

ARREST DE LA COUR DE PARLEMENT,

qui ordonne que les Reglemens de Police feront executez, & condamne Renault Dié en 12. liv. d'amende pour y avoir contrevenu.

Du 22. Avril 1651.

ENTRE Regnault Dié; Jacques Lavigne; Michel Goyet, foy difans Maîtres Fourbiffeurs aux Fauxbourgs de cette Ville, & leurs Femmes, Appellans de la Permiffion d'informer, Information, Décret de Prife de Corps contr'eux décerné par le Lieutenant Criminel du Châtelet de Paris, & de tout ce qui s'en eft enfuivi, d'une part: Et Guy Cochois, Maître Fourbiffeur à Paris; & Jean de la Pierre; Nicolas Farde; Guillaume Maffe, & Jean de la Roche, Jurez & Gardes de la Communauté des Maîtres Fourbiffeurs d'Epées de cette Ville de Paris, Demandeurs en Requête par eux prefentée à la Cour le 10. Mars dernier, à ce qu'ils foient reçûs Parties intervenantes en ladite Caufe d'Appel, & que faifant droit fur leur Intervention, il fera (s'il plaît à la Cour) ordonné que la Sentence de Reglement renduë par le Prévôt de Paris ou fon Lieutenant Civil le 5. Juillet 1644. fera executée. Que deffenfes feront faites aux Appellans & tous autres d'y contrevenir, ny de plus expofer par les Ruës, Foires, Marchez, Halles, Boutiques ny autres Lieux aucunes Epées ny autres Ouvrages dépendans dudit Métier de Fourbiffeur, à peine de punition exemplaire; & que pour la Contrainte commife par les Appellans, ils feront condamnez en telle amende qu'il plaira à la Cour arbitrer, & en tous les dépens, dommages & interêts; & lefdits Dié; Lavigne; Goyet & leurs Femmes, Deffendeurs en ladite Intervention, d'autre part; fans que les Qualitez puiffent nuire ne préjudicier aux Parties. Après que Ifalis, Avocat defdits Appellans, a dit que fes Parties font fondées à porter Marchandifes au Marché, lorf-

qu'il tient , & en confequence conclud avoir été mal , nulle-
ment procedé & décreté , évoquer le principal & renvoyer
fes Parties abfoutes, avec dépens. Didier le jeune, Avocat defdits Intimez & Intervenans, voulant déduire fes Moyens &
deffendre : Talon pour le Procureur General s'eft levé , &
dit , que l'Action eft arrivée le 5. Octobre dernier dans les
Halles ; qu'il y a Reglement portant deffenfes aux Fripiers
d'expofer leurs Marchandifes dans les Halles , le Marché tenant ; mais bien les Fripiers des Fauxbourgs y peuvent apporter les leurs ; qu'un Maître Fourbiffeur a voulu ôter des
Epées à une Femme, laquelle jetta de la bouë audit Homme,
& fon Mary luy jetta auffi une pierre , pour raifon de quoy
Décret de prife de Corps a été décerné contre le Mary , & Ad-
journement Perfonnel contre la Femme ; que le Fait eft une
pétulence qui ne merite approfondir un Procès , & eftimé y
avoir lieu ; mettre les Appellations & ce au néant; condamner ledit Regnault Dié en telle fomme qu'il plaira à la Cour ,
pour tous dépens, dommages & interêts ; comme auffi ordonner que les Reglemens feront executez : LA COUR a mis &
met les Appellations , & ce dont a été appellé , au néant. A
évoqué & évoque à elle le principal Differend d'entre lefdites
Parties ; & y faifant droit , condamne ledit Regnault Dié en 12.
liv. Parifis d'amende pour tous dépens , dommages & interêts
vers ledit Cochois ; Ordonne que les Reglemens de Police feront executez felon leur forme & teneur. Fait en Parlement le
22. Avril 1651. Signé , GUYET.

LOUIS PAR LA GRACE DE DIEU, ROY DE
FRANCE ET DE NAVARRE : Au premier
nôtre Huiffier ou Sergent fur ce requis ; Salut. Nous te man-
dons à la Requête de Guy Cochois; Jean de la Pierre; Nico-
las Farde; Guillaume Maffe; & Jean de la Roche, Jurez &
Gardes de la Communauté des Maîtres Fourbiffeurs de cette
Ville de Paris; que l'Arrêt par eux obtenu de nôtre Cour de
Parlement de Paris en datte du 22. Avril 1651. cy attaché fous
le Contre-fcel de nôtre Chancellerie, tu mettes à dûë & entiere
execution felon fa forme & teneur , allencontre de Renault
Dié ; Jacques Lavigne ; Michel Goyet , foy difans Maîtres
Fourbiffeurs

Fourbiſſeurs aux Fauxbourgs de cette Ville, & leurs Femmes; ſans être tenu demander autre Congé ne Permiſſion, nonob-ſtant que ledit Arrêt ne ſoit que par extrait : Et faire pour ladite execution tous Exploits de ſignification, Commande-mens, Contraintes, qu'autres Actes neceſſaires : De ce faire te donnons Pouvoir : Car tel eſt nôtre plaiſir. Donné à Paris le cinquiéme jour de Juillet, l'an de grace 1651. & de nôtre Regne le neufviéme. Signé, Par le Conſeil, BOTTUE. Et ſcellé.

Mis & appoſé par moy Sergent à Verge audit Châtelet de Paris, ſouſſigné, le   jour de   mil ſix cent cinquante-un, à ce qu'on n'en prétende cauſe d'ignorance.

ARREST DU CONSEIL D'ESTAT DU ROY,
qui approuve & confirme leſdites Lettres Patentes, & fait deffenſes de recevoir aucune Perſonne qu'il n'ait fait Apprentiſſage & Chef-d'œuvre.

Donné à Paris au mois de Juillet 1663.

LOUIS par la Grace de Dieu, Roy de France & de Na-varre : A tous preſens & avenir ; Salut : Les Maîtres, Jurez & Gardes de l'Art & Métier de Fourbiſſeurs & Garniſſeurs d'Epées & autres Bâtons au fait d'Armes de nôtre bonne Ville de Paris, Nous ont fait dire & remontrer, que par Lettres Patentes du feu Roy nôtre très-honoré Seigneur & Pere, don-nées à Saint Germain en Laye au mois d'Août 1638. il auroit été ordonné que les Edits & Lettres de Maîtriſes accordées en faveur & pour quelque cauſe & occaſion que ce ſoit, n'au-roient lieu pour ledit Métier de Fourbiſſeur, & qu'il en de-meureroit purement déchargé, ainſi que pluſieurs autres Mé-tiers de nôtredite Ville, auſquels cette même grace a été con-cedée, depuis lequel tems leſdits Maîtres en ont toûjours joüi, & même en l'année 1645. quelques Particuliers Porteurs deſ-dites Lettres de Maîtriſes s'étans preſentez pour être reçûs & inſtalez audit Art par Arrêt de nôtre Conſeil du 22. Septem-

D

bre 1646. ils furent déboutez de l'effet defdites Lettres , lefquelles furent declarées nulles à l'égard dudit Métier , avec
deffenfes aux Maîtres d'iceluy d'en fouffrir l'établiffement ; ce
qui ayant ainfi été ordonné pendant le tems de la Guerre lorfque cet Art paroiffoit le plus neceffaire pour fournir des Armes aux Gens de Guerre par Nous employez pour la deffenfe
de nôtre Etat , & l'accroiffement des Limites de nôtre Royaume ; il n'eft pas moins jufte à prefent de le confirmer & d'en
faire valoir le Privilege pendant la Paix , durant laquelle les
Exercices Militaires ne doivent pas ceffer , au contraire la
bonne Difcipline veut que nos Sujets s'y employent , & que
les anciennes Troupes enfeignent aux autres les moyens d'at-
taquer & fe deffendre aux occafions qui peuvent furvenir ,
en quoy Nous avons plus d'inclination , & gratifier lefdits
Maîtres Fourbiffeurs & Garniffeurs d'Epées , plus favorables
que quantité d'autres Arts & Métiers que Nous avons exceptez defdites Lettres de Maîtrifes , afin que ceux qui y veulent afpirer foient contraints d'apprendre chez les Maîtres , y
faire leurs Apprentiffages fuivant les Statuts que Nous leur
avons concedez , & fe rendre capables de réüffir dans l'ex-
cellence de leur Art très-important au bien de la chofe publique & au maintien de la Juftice. C'eft pourquoy lefdits Maîtres , Jurez & Gardés dudit Art Nous auroient très-humblement fait fupplier de leur accorder la confirmation defdits Statuts & defdites Lettres , portant exemption defdites Maîtrifes
en iceluy. A CES CAUSES , defirans donner occafion aufdits Fourbiffeurs & Garniffeurs d'Epées & autres Bâtons d'Armes , de continuer à bien faire leur Art & y exceller , non-
feulement en Guerre , mais en Paix , & ôter aux Etrangers le
pouvoir de les égaler , éviter les abus qui s'y pourroient gliffer
audit Métier & Art , s'il étoit loifible d'y entrer par autres
voyes que celle des Statuts par Nous accordez & qui font en
vigueur ; Avons les Lettres cy-devant accordées par ledit deffunt Roy nôtre très-honoré Seigneur & Pere , aufdits Maîtres
Fourbiffeurs & Garniffeurs d'Epées & autres Bâtons d'Armes ,
par Lettres Patentes du mois d'Avril 1627. & mois d'Août
1638. enfemble ledit Arrêt de nôtre Confeil dudit jour vingt-
deux Septembre 1646. dont Copies collationnées font cy-at-

tachées fous le contre-Scel de nôtre Chancellerie ; approuvé & confirmé , approuvons & confirmons pour tout le
contenu en icelles : Voulons & Nous plaît qu'à l'avenir nos
Edits & Lettres de Maîtrises n'ayent lieu ny effet pour quelque caufe que ce foit pour le fufdit Art & Métier de Fourbiffeur, & fi aucunes étoient expediées elles feront de nul effet,
demeurant ledit Art & Métier pour toûjours excepté de l'execution des Edits faits & à faire par Nous & les Rois nos Succeffeurs , pour la Création de Maîtres en nôtre Royaume,
pour quelque caufe & occafion que ce foit ; ainfi qu'il a été
fait en faveur des Monoyers , Pelletiers , Bonnetiers, Efcrimantes & Tireurs d'Armes de nôtredite Ville de Paris, & autres
par Nous fpecialement exceptez par nos Lettres que Nous
avons fait expedier à ce fujet. Voulons en outre que fuivant
lefdits Statuts & lefdites Lettres du mois d'Avril 1627. &
Août 1638. Perfonne ne foit admis audit Art & Métier qu'en
faifant Apprentiffage , Chef-d'œuvre & Experience , ceffant &
revoquant dès-à-prefent comme pour lors toutes Lettres de
Maîtrifes contraires qui ont été ou pourroient être expediées
par furprife ou autrement au préjudice des Prefentes , deffendant à tous nos Juges d'y avoir égard. Si donnons en mandement à nos Amez & Féaux Confeillers les Gens tenans
nôtre Cour de Parlement de Paris , Prévôt dudit Lieu , ou
fon Lieutenant Civil , & à tous nos autres Jufticiers & Officiers qu'il appartiendra ; que ces Prefentes ils ayent à faire
regiftrer, garder & obferver inviolablement , & du contenu
en icelles joüir & ufer lefdits Maîtres Fourbiffeurs, Garniffeurs
& Enrichiffeurs d'Epées & autres Bâtons d'Armes , pleinement & paifiblement , ceffant & faifant ceffer tous troubles
& empêchemens contraires , & à faire contraindre & obéïr
tous ceux que befoin fera , nonobftant Oppofitions ou Appellations quelconques , Statuts, Privileges, Ordonnances &
Lettres contraires , aufquelles & aux dérogatoires des dérogatoires y contenuës , Nous avons dérogé & dérogeons par ces
Prefentes : Car tel eft nôtre plaifir ; Et afin que ce foit chofe
ftable à toûjours , Nous avons fait mettre nôtre Scel à cefdites Prefentes. Donné à Paris   au mois de Juillet
    l'an de grace 1663. & de nôtre Regne le vingt-
                                        D ij

uniéme , figné LOUIS : Et plus bas par le Roy,
DE GUENEGAULT.

ARREST DE LA COUR DE PARLEMENT,
*qui ordonne que lefdites Lettres Patentes feront re-
giftrées au Greffe de ladite Cour , pour être executées
felon leur forme & teneur.*

Du 31. Juillet 1663.

VEU par la Cour les Lettres Patentes du Roy données
à Paris au mois de Juillet dernier , fignées, LOUIS ;
Et fur le reply, par le Roy, Guenegault, & fcellées du grand
Sceau fur Lacs de Soye du grand Sceau de Cire verte, obtenuës par les Maîtres, Jurez & Gardes de l'Art & Métier de Fourbiffeurs & Garniffeurs d'Epées de Paris ; par lefquelles & pour
les Caufes y contenuës , ledit Seigneur auroit approuvé &
confirmé les Lettres cy-devant à eux accordées par ledit deffunt
Roy fon très-honoré Seigneur & Pere, par Lettres Patentes
du mois d'Avril 1627. & mois d'Août 1638. enfemble l'Arrêt de fon Confeil du 22. Septembre 1646. Veut & luy plaît
qu'à l'avenir fes Edits & Lettres de Maîtrifes n'ait lieu ny effet
pour quelque caufe que ce foit pour le fufdit Art & Métier de
Fourbiffeur , & fi aucunes étoient expediées, qu'elles feront
de nul effet, demeurant ledit Art & Métier toûjours excepté
de l'execution des Edits faits & à faire par luy & les Rois fes
Succeffeurs, pour la Création des Maîtres en fon Royaume ,
pour quelque caufe & occafion que ce foit, ainfi qu'il a été fait
en faveur des Monoyers, Pelletiers, Bonnetiers, Efcrimantes
& Tireurs d'Armes de cettedite Ville de Paris , & autres par
luy fpecialement exceptez par lefdites Lettres qu'il auroit fait
expedier à ce fujet : Veut en outre que fuivant lefdits Statuts
& lefdites Lettres du mois d'Avril 1627. 7. Août 1638. Perfonne ne foit admis audit Art & Métier qu'en faifant Apprentiffage, Chef-d'œuvre & Experience : Caffant , revoquant
dès-à-prefent , comme pour lors toutes Lettres de Maîtrifes
contraires qui ont été ou pourroient être expediées par fur-

prife, ou autrement, au préjudice de fes prefentes Lettres, &
deffenfes à tous les Juges d'y avoir égard, & ainfi que plus au
long le contiennent lefdites Lettres à la Cour adreffantes :
Veu auffi Copies collationnées defdites Lettres du Roy du
mois d'Avril 1627. & Août 1638. enfemble ledit Arrêt du
Confeil dudit jour 22. Septembre 1646. regiftré en ladite Cour
les 8 Février 1628. & 31. Août 1638. attachez fous le contre-
Scel defdites Lettres. Requête prefentée à ladite Cour par lefdits Impetrans afin d'enregiftrement d'icelles. Vû les Conclufions du Procureur General du Roy : Oüy le Rapport de Meffire Claude Foucault , Confeiller du Roy en ladite Cour.
Tout confideré : LADITE COUR a ordonné & ordonne
que lefdites Lettres feront regiftrées au Greffe d'icelle ,
pour être executées , & joüir par les Impetrans de l'effet &
contenu en icelles felon leur forme & teneur. Fait en Parlement le 31e. jour de Juillet 1663. Signé, DU TILLET.

Collationné aux Originaux par moy Confeiller
du Roy , Maifon & Couronne de France
& de fes Finances.

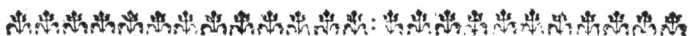

ARREST DE LA COUR DE PARLEMENT ,

qui declare les Saifies des Gardes , Pommes , Pom-
meaux & Gardes d'Epées faites fur Loüis Meffan ,
Maître Doreur , bonnes & valables , & luy fait def-
fenfes & à tous autres Maîtres de la Communauté des
Maîtres Doreurs d'expofer en vente aucunes Gardes ,
Pommes , Pommeaux , Poignées d'Epées & autres
Armes maniables à la main , & le condamne aux
dépens.

Du 6. Avril 1677.

ENTRE les Jurez & Communauté des Marchands
Maîtres Fourbiffeurs d'Epées à Paris , Demandeurs en

Requête du 28. Février 1676. inferée en l'Arrêt du 29. dudit mois de Février, d'une part ; & Loüis Meffan, Maître Doreur à Paris, Deffendeur : Et entre ledit Meffan, Demandeur en Requête du 11. Avril audit an : Et les Jurez & Communauté des Maîtres Doreurs de cette Ville de Paris, Deffendeurs : Et entre les Jurez Fourbiffeurs, Demandeurs en Saifie au principal évoqué : Et ledit Loüis Meffan, Deffendeur, d'autre. VEU par la Cour lefdites Requêtes, celle des Marchands Maîtres Fourbiffeurs d'Epées du 28. Février 1676. à ce qu'en attendant la Décifion des Conteftations des Parties pour raifon des Gardes, Pommes, Pommeaux, Poignées d'Epées dorées & autres chofes faifies à leur Requête fur ledit Meffan, il fût ordonné que les Arrêts & Reglemens intervenus entr'eux, & les Jurez & Communauté des Doreurs à Paris, feroient executez felon leur forme & teneur, & fuivant iceux qu'il fût fait deffenfes, tant audit Meffan qu'aux autres Doreurs, de vendre, ny d'expofer en vente aucunes Gardes, Pommes, Pommeaux, Poignées d'Epées & autres Armes maniables à la main, à peine d'amende, de confifcation & des autres peines portées par les Arrêts & Reglemens de la Cour, & ledit Meffan condamné ès dépens : l'Arrêt dudit jour 29. Février 1676. par lequel, du confentement des Jurez & Communauté des Marchands Maîtres Fourbiffeurs, auroit été ordonné que l'Arrêt du 8. du même mois de Février rendu entre les Parties, feroit executé par provifion ; & pour faire droit fur la Requête dudit jour 28. Février, les Parties auroient été appointées à mettre pardevant Me. Jacques Canaye, Confeiller ; Deffenfes ; Repliques ; Productions des Parties ; Requêtes par elles refpectivement employées pour Contredits. La Requête dudit Meffan dudit jour 11. Avril, à ce qu'Acte luy fût donné de ce qu'il dénonçoit aux Jurez & Communauté des Doreurs la Requête defdits Jurez & Communauté des Fourbiffeurs, & en confequence que lefdits Jurez & Communauté des Doreurs fuffent tenus de prendre fon Fait & Caufe, l'aider de leurs Titres & Privileges, luy fournir des Moyens pour empêcher l'enterinement de la Requête defdits Demandeurs, finon & à faute de ce, qu'ils feroient condamnez en fes dommages & interêts foufferts & à fouffrir,

& que l'Arrêt qui interviendroit entre luy & lefdits Fourbiffeurs, declaré commun avec lefdits Doreurs, qui feroient en
outre condamnez en fes dépens : Arrêt du premier Août audit an, par lequel auroit été ordonné que les Parties mettroient
pardevant ledit Confeiller : Deffenfes : Addition de Deffenfes
& Production defdits Jurez & Communauté defdits Doreurs :
Sommation de produire par ledit Meffan : Production nouvelle dudit Meffan, par Requête du 28. Août audit an : Requête defdits Jurez & Communauté des Maitres Fourbiffeurs,
employée pour Contredits contre ladite Production nouvelle :
Requête defdits Jurez & Communauté des Maîtres Fourbiffeurs du 17. Août 1676. à ce qu'en procedant au Jugement de
l'Inftance d'appointé à mettre d'entr'eux & ledit Meffan, il
fût ordonné que ladite Inftance demeureroit disjointe d'avec
celle d'entre ledit Meffan, Demandeur, & lefdits Doreurs,
Deffendeurs, & au furplus les Conclufions prifes par lefdits
Fourbiffeurs adjugées avec dépens, fur laquelle Requête auroit été refervé à y faire droit en jugeant : les Procez-verbaux
de Saifies faites fur ledit Meffan les 10. Avril & 10. Juillet
1670. de quelques Gardes, Pommes, Pommeaux & Poignées
d'Epées dorées à la Requête des Jurez & Communauté des
Fourbiffeurs : Procedures faites au Bailliage du Palais fur lefdites Saifies : Sentence dudit Bailliage du Palais du 15. dudit
mois de Juillet 1670. d'Appointement à produire fur lefdites
Saifies & Demandes des Jurez Fourbiffeurs afin de confifcation des chofes faifies : Autre Saifie faite fur ledit Meffan du
19. Novembre 1675. Procedures faites au Châtelet : Et Sentence du 3. Decembre enfuivant, par laquelle avant que de
prononcer fur la Confifcation des Marchandifes faifies, auroit
été ordonné qu'il feroit fait preuve comme lors de ladite Saifie
ledit Meffan expofoit en vente lefdites Pommes, Pommeaux
& Poignées d'Epées : Arrêt du 22. Janvier dernier, par lequel, en tant que touche l'Appel de la Sentence du Bailly du
Palais du 15. Juillet 1670. l'Appellation, & ce dont avoit été
appellé, auroit été mis au néant ; émendant, fur l'Appel de la
Sentence du Lieutenant Civil de Police du 3. Decembre 1675.
l'Appellation au néant ; ordonne que ce dont a été appellé
fortiroit effet, l'Appellant condamné en l'amende de 12. liv.

& ayant égard aux Requêtes des Fourbiſſeurs des 14. Juillet
& premier Septembre dernier, ordonné que les choſes ſaiſies
par les Procez-verbaux des 10. Avril & 10. Juillet 1670. &
29. Novembre 1675. ſeront remiſes ès mains d'un notable
Bourgeois, ſi elles étoient en nature, ſinon la juſte valeur au
dire d'Experts dont les Parties conviendroient pardevant le
Conſeiller Rapporteur, ſinon en ſeroit par luy nommé d'Office, pour y demeurer juſques au Jugement diffinitif des Parties ; à ce faire ledit Meſſan contraint comme Dépoſitaire, &
ſur la Demande dudit Meſſan contre les Doreurs, hors de Cour,
& ledit Meſſan condamné ès dépens envers leſdits Fourbiſſeurs,
les autres compenſez : Requête deſdits Jurez & Communauté
deſdits Fourbiſſeurs d'Epées du 22. Janvier dernier, à ce qu'en
procedant au Jugement de l'Inſtance qui reſtoit à juger, & en
conſequence de l'Arrêt du 2. dudit mois de Janvier qui demeureroit joint à ladite Inſtance ; leurs Concluſions leur fuſſent
adjugées, & ledit Meſſan condamné ès dépens, ſur laquelle
Requête auroit été reſervé à faire droit en jugeant : Requête
dudit Meſſan du 15. Février 1677. à ce que les principaux
Differends des Parties pendants tant au Bailliage du Palais
qu'au Châtelet, furent évoquez, & y faiſant droit ; enſemble
en prononçant ſur l'Inſtance pendante en la Cour au Rapport
de Me. Jacques Canaye, Conſeiller, & en déboutant les Jurez
& Communauté des Fourbiſſeurs des Concluſions par eux pri-
ſes, main-levée fût faite audit Meſſan deſdites Saiſies, & leſdits Jurez & Communauté des Fourbiſſeurs condamnez en ſes
dommages & interêts, & ès dépens, & qu'Acté luy fût donné
de l'employ pour Ecritures & Production ſur leſdites Demandes
principales qui demeureroient jointes à ladite Inſtance : Arrêt
du 17. Février 1677. par lequel du conſentement des Parties,
& leſdits Differends & Demandes principales pendantes tant
au Bailliage du Palais qu'au Châtelet, auroient été évoquez en
la Cour, & pour y faire droit les Parties auroient été appointées à écrire & produire, & Acté auſdites Parties de l'employ
pour Productions reſpectives ſur leſdits Principaux évoquez :
Requête deſdits Jurez & Communauté des Fourbiſſeurs du 19.
dudit mois de Février 1677. à ce qu'en déboutant ledit Meſſan
de la main-levée par luy demandée, & en declarant les choſes
ſur

fur luy faifies par les Procez-Verbaux des 10. Avril & 10.
Juillet 1670. & 29. Novembre 1675. confifquées au profit defdits Jurez Fourbiffeurs, il fût condamné en tous les dépens
faits tant au Châtelet & au Bailliage du Palais, qu'en la Cour;
fur laquelle Requête auroit été refervé à faire droit en jugeant:
Conclufions du Procureur General du Roy: Tout joint & confideré: LADITE COUR faifant droit tant fur les Demandes
en principal évoquées du confentement des Parties, qu'autres
Demandes faites en la Cour, a declaré & declare les Gardes,
Pommes, Pommeaux & Poignées d'Epées faifies par Exploits
des 10. Avril & 10. Juillet 1670. & 19. Novembre 1675. confifquées au profit des Jurez & Communauté des Maîtres Fourbiffeurs d'Epées; ordonne que les Arrêts & Reglemens de ladite Communauté feront executez. Fait deffenfes audit Meffan, Jurez & autres Maîtres de la Communauté des Doreurs
d'y contrevenir, vendre, ny expofer en vente aucunes Gardes, Pommes, Pommeaux, Poignées d'Epées, & autres Armes maniables à la main, à peine d'amende & de confifcation,
& autres peines portées par lefdits Arrêts & Reglemens; condamne ledit Meffan en tous les dépens envers les Fourbiffeurs,
tous autres dépens compenfez. FAIT en Parlement le fixiéme
jour du mois d'Avril 1677. Collationné. Signé, JACQUES.

*Le 14. Avril 1677. fut fignifié & baillé Copie à M^{es}. F. Chireix
& Sauvage, Procureurs, & audit Sauvage, parlant à fa Perfonne.*
Signé, PROTAT.

E

ARREST DU CONSEIL D'ETAT DU ROY,

qui unit & incorpore au Corps & Communauté des Maîtres Fourbiffeurs les Offices de Jurez de leur Communauté moyennant la fomme de 12000. liv. & qui fixe les Droits de Vifite, Receptions de Maîtres, Brevets d'Apprentiffage, Ouvertures de Boutiques, &c.

Du 3. Mars 1693.

LOUIS PAR LA GRACE DE DIEU, ROY DE FRANCE ET DE NAVARRE : A tous ceux qui ces prefentes Lettres verront : Salut. Les Jurez, Corps & Communauté des Maîtres Fourbiffeurs de nôtre bonne Ville & Fauxbourgs de Paris, Nous ont très-humblement fait remontrer, qu'ayant par nôtre Edit du mois de Mars 1691. créé & érigé en Titres d'Offices hereditaires les Gardes des Corps des Marchands, & les Maîtres Jurez des Arts & Métiers, ils ont un notable interêt non-feulement que ces Charges foient exercées par des Perfonnes de probité & d'experience dans leur Art & Métier, & que ceux qui en abuferont puiffent être dépoffedez ; mais encore que ceux de leur Corps qui peuvent s'en bien acquitter, puiffent y parvenir à leur tour, au lieu qu'ils en feroient exclus fi ceux que Nous en aurions pourvûs n'en pouvoient être dépoffedez : Par ces confiderations & par le defir de Nous marquer leur zele pour nôtre fervice, & leur foûmiffion à nos volontez, ils Nous ont fait offrir de payer au Treforier de nos Revenus Cafuels la fomme de 12000. liv. s'il Nous plaifoit unir à leur Communauté les Offices de Jurez nouvellement créez, pour être exercez par ceux qui Nous feront par eux prefentez, pour le tems qui fera avifé entr'eux en vertu des Provifions que Nous leur en ferons expedier, & leur laiffer pour l'avenir, lorfque le tems de l'Exercice de ceux que Nous en aurons pourvûs fera expiré, la faculté de Nous prefenter de nouveaux Officiers pour prendre de Nous la confirmation de

leur Nomination, Nous fuppliant de leur permettre, conformément à leurs Déliberations des 9. & 27. Janvier dernier ,
d'emprunter ladite fomme de 12000. liv. à conftitution de Rentes ou autrement , de ceux des Maîtres ou autres Particuliers
qui la voudront prêter, & dont les Contrats feront fignez par
Jacques Noël ; Denis Aubolé ; Pierre André & Charles Seigneur , Anciens Maîtres de ladite Communauté, par eux nommez à cet effet , lefquels en feront l'employ au payement de la
Finance defdits Offices ; feront declaration des noms de ceux qui
auront prêté lefdites fommes dans la Quittance de Finance
qu'ils retireront du Treforier de nos Revenus cafuels, & obli-
geront aufdites Rentes tous les Biens & Effets de la Communauté , & fpecialement lefdits Offices de Jurez, Droits &
Emolumens y attribuez , & autres cy-après exprimez : Qu'il
fera permis à la Communauté de percevoir & de faire payer
à l'avenir , fçavoir, pour chaque Maître tenant Boutique ou
travaillant en Chambre pour luy, 30. fols pour chacune des
quatre Vifites , dont il y aura 5. fols pour les Jurez , & 25.
fols pour le payement des Rentes; au payement defquels Droits
de Vifite les Maîtres feront contraints en vertu des Prefentes ,
fans qu'il foit befoin d'Affignation , ny de Sentence , ny de
Condamnation , lefquels Droits de Vifite les Anciens feront
tenus de payer comme les autres Maîtres , à la referve feulement des 5. fols qui tournent au profit des Jurez. Pour la Reception d'un Maître par Chef-d'œuvre 400. liv. dont il y aura
60. l. pour le payement des Rentes , 120. liv. pour les autres
Affaires de la Communauté, 30. liv. pour le Droit Royal, 25.
liv. pour les Droits de Juftice, 3. liv. pour l'Hôpital General ,
6. liv. pour chaque Juré & pour le Meneur, & 30. liv. pour
dix Anciens qui feront appellez aux Receptions alternativement felon leur ordre de Jurande , outre lefquelles fommes
l'Afpirant fera tenu de faire fon Chef-d'œuvre à fes frais, à la
charge qu'il demeurera à fon profit. Pour la Reception d'un
Fils de Maître Ancien, 20. liv. Pour celle d'un Fils de Maître
non Ancien, 40. liv. Pour celle d'un Fils de Maître né avant
la Maîtrife de fon Pere , 100. liv. outre lefquelles fommes ils
payeront les frais en la maniere accoûtumée. Pour chaque
Brevet d'Apprentiffage ou Tranfport d'iceluy, 20. liv. y com-

pris 4. liv. pour les Jurez ; & pour éviter les fraudes defdits Brevets & Tranfports d'iceux les Actes en feront paffez dans le Bureau de la Communauté, & les Maîtres ne pourront faire d'Allöüez finon des Fils de Maîtres de Paris ; pareille fomme de 20. liv. pour chaque Ouverture de Boutique, y compris 4. liv. pour les Jurez ; comme auffi de faire payer par chaque Juré nouvellement élû 100. liv. duquel payement feront neanmoins exemts les Anciens qui font élûs Jurez pour la feconde fois ; Nous fuppliant en outre , pour parvenir à un payement plus promt de ladite Finance de 12000. liv. & faciliter la libération de la Communauté , de leur permettre de recevoir fix Maîtres fans qualité & fans faire Chef-d'œuvre , & d'ordonner que ceux des Maîtres qui prêteront au moins 200. liv. à la Communauté feront exemts de payer les Droits de Vifite pendant qu'ils demeureront Créanciers de la Communauté : Que les Deniers provenans defdits Droits feront employez tous les fix mois à payer les arrerages des Rentes qui feront conftituées pour ladite fomme de 12000. liv. enfemble au payement des arrerages de la Rente de 125. liv. cy-devant conftituée par la Communauté , & que les Jurez fortant de Charge feront tenus à la fin de leur tems , & au plus tard quinzaine après être fortis de Charge , de rendre compte de ce qu'ils auront reçû & payé , & que ce qui reftera entre leurs mains après lefdits arrerages payez fera employé au rachat de quelque Portion du principal defdites Rentes , & commencer par celles conftituées pour fournir ladite fomme de 12000. liv. & par les Veuves & Heritiers des Maîtres qui auront prêté partie d'icelle & qui feront depuis décedez , fans que pour quelque caufe & occafion que ce foit les Deniers provenans defdits Droits puiffent être employez à aucune autre dépenfe, jufqu'à ce que lefdites Rentes ayent été acquittées tant en principaux qu'arrerages , après quoy les Droits de Vifite demeureront réduits à 20. fols par chacun an , & il ne fera plus payé aucuns Droits pour les Jurez nouvellement élûs , ny pour les Brevets d'Apprentiffage & Ouverture de Boutique ; & au furplus, que les Statuts & Reglemens de ladite Communauté qui deffendent aux Fourbiffeurs de travailler en aucuns Lieux Privilegiez , même nôtre Edit de l'année 1666. qui contient les

mêmes Deffenfes, feront executez felon leur forme & teneur :
Et voulant traiter favorablement la Communauté des Maîtres
Fourbiffeurs, & luy donner des marques de nôtre protection :
A CES CAUSES, de l'avis de nôtre Procureur au Châtelet qui
a vû les deux Déliberations des Maîtres Fourbiffeurs de Paris
des 9. & 27. Janvier dernier, & de nôtre certaine Science,
pleine Puiffance & Autorité Royale, Nous avons uni & incorporé, & par ces Prefentes, fignées de nôtre main, unif-
fons & incorporons au Corps & Communauté des Maîtres
Fourbiffeurs de nôtre bonne Ville & Fauxbourgs de Paris,
les Offices de Jurez de leur Communauté créez par nôtre
Edit du mois de Mars 1691. Ce faifant, voulons que lefdits
Offices foient exercez par ceux qui Nous feront nommez par
ladite Communauté, en vertu des Provifions que Nous leur ferons expedier pour tel tems qu'il fera par elle avifé, après
l'expiration duquel elle pourra nommer & prefenter de nouveaux Officiers pour obtenir de Nous la confirmation de leur
Nomination, & continuer auffi à l'avenir à toutes les Muta-
tions d'Officiers que voudra faire ladite Communauté, le tout
en payant par Elle, fuivant fes Offres, entre les mains du Treforier de nos Revenus Cafuels, la fomme de 12000. liv. en
trois payemens égaux ; le premier comptant ; le fecond dans
trois mois ; & le troifiéme trois mois après, laquelle fomme
de 12000. l. Nous permettons, conformément aufdites Déliberations, aux nommez Noël Aubolé ; Pierre André ; &
Charles Seigneur, Anciens Maîtres Fourbiffeurs, d'emprunter, au nom de la Communauté, de ceux des Maîtres ou autres qui la voudront prêter, pour être auffi-tôt par eux employée au payement de la Finance des Offices de Jurez de ladite Communauté, & être fait declaration du nom de ceux qui
leur auront prêté leurs Deniers à cet effet, dans la Quittance
de Finance qui leur fera délivrée par le Treforier de nos Revenus Cafuels. Voulons que par les Contrats de conftitution
ils puiffent obliger & hypothequer aux Rentes qui feront conftituées pour ladite fomme de 12000. liv. tous les Biens & Effets de la Communauté, & fpecialement lefdits Offices de Jurez, Droits & Emolumens y attribuez, même ceux qui font
cy-après exprimez, que Nous permettons à ladite Communauté

de percevoir & faire payer à l'avenir : Sçavoir , par chaque
Maître tenant Boutique ou travaillant en Chambre pour luy-
même 30. fols ; pour chacune des quatre Vifites, dont il y aura
5. fols pour les Jurez & 25. fols pour le payement des Rentes,
au payement defquels Droits de Vifite les Maîtres pourront
être contraints en vertu des Prefentes, fans qu'il foit befoin
d'Affignation ny de Sentence de Condamnation ; & feront lefdits Droits de Vifite payez par les Anciens , comme par les autres Maîtres, à l'exception feulement des 5. fols qui tournent
au profit des Jurez dont les Anciens demeureront exempts : Que
pour la Reception d'un Maître par Chef-d'œuvre il foit payé
400. liv. dont il y aura 160. liv. pour le payement des Rentes ;
120. liv. pour les autres Affaires de la Communauté ; 30. liv.
pour le Droit Royal ; 25. liv. pour les Droits de Juftice ; 3. liv.
pour l'Hôpital General ; 6. liv. pour chacun des quatre Jurez,
autant pour le Meneur , & 3. liv. pour chacun des dix Anciens
qui feront appellez aux Receptions alternativement felon leur
ordre de Jurande , outre laquelle fomme de 400. liv. l'Afpirant fera tenu de faire à fes frais le Chef-d'œuvre qui demeurera à fon profit. Que pour la Reception d'un Fils de Maître
qui aura été Juré il foit payé 20. liv. feulement. Pour celle du
Fils d'un autre Maître 40. liv. & pour celle d'un Fils de Maître avant la Maîtrife de fon Pere 100. liv. outre lefquelles fommes ils payeront les frais en la maniere accoûtumée. Que pour
chaque Brevet d'Apprentiffage ou Tranfport d'iceluy il foit
payé 20. l. Et pour éviter les fraudes qui pourroient être com-
mifes au fait defdits Brevets ou Tranfports, les Actes en feront
paffez au Bureau de la Communauté, à peine de nullité, & les
Maîtres ne pourront prendre des Allouez finon des Fils de
Maîtres de Paris. Que pour chacune Ouverture de Boutique il
foit payé pareille fomme de 20. liv. defquelles fommes de 20.
liv. payées pour les Brevets d'Apprentiffage & Ouverture de
Boutique il en appartiendra 4. liv. aux Jurez , & les 16. liv.
reftantes feront employées au payement des Rentes. Qu'il foit
payé par chaque Juré nouvellement élu 100. l. duquel payement
feront exempts les Anciens qui feront élus Jurez pour une feconde fois ; & pour parvenir à un payement plus prompt de
ladite fomme de 12000. liv. & faciliter le payement des Rentes

qui auront été conſtituées , permettons à ladite Communauté de recevoir ſix Maîtres ſans qualité : Voulons que ceux des Maîtres qui auront prêté à la Communauté la ſomme de 200. liv. au moins pour employer au payement de la Finance deſdits Offices , ſoient exemts de payer les Droits de Viſite pendant qu'ils demeureront Créanciers de ladite Communauté. Voulons auſſi que tous les Deniers provenans des Droits cy-deſſus mentionnez ſoient employez à payer tous les ſix mois les arrerages des Rentes qui auroient été conſtituées pour ladite ſomme de 12000. liv. & ceux auſſi de la Rente de 125. liv. cy-devant conſtituée par la Communauté , & que les Jurez ſortant de Charges ſoient tenus de rendre compte en la maniere accoûtumée pardevant nôtre Procureur au Châtelet , ſuivant nôtre Edit du mois de Mars 1691. de ce qu'ils auront reçû & payé , & que ce qui reſtera entre leurs mains après leſdits arrerages payez , ſoit employé au rachat de quelque Portion des principaux deſdites Rentes , à commencer par celles conſtituées pour ladite ſomme de 12000. liv. & par les Veuves, Heritiers des Maîtres qui auront prêté leurs Deniers à cet effet & qui ſeront depuis décedez , ſans que pour quelque cauſe ou occaſion que ce ſoit les Deniers provenans deſdits Droits puiſſent être employez à aucune autre dépenſe , ny même ſaiſis par aucuns autres Créanciers de la Communauté, juſqu'à ce que leſdites Rentes ayent été acquittées , tant en principaux qu'arrerages, après quoy voulons que les Droits de Viſite demeurent réduits à 20. ſols par an , & qu'il ne ſoit plus payé aucuns Droits par les Jurez nouvellement élus , ny pour les Brevets d'Apprentiſſage & Ouvertures de Boutiques ; & au ſurplus que les Statuts & Reglemens de la Communauté qui deffendent aux Fourbiſſeurs de travailler en aucuns Lieux Privilegiez, même nôtre Edit de l'année 1666. ſoient executez ſelon leur forme & teneur. Si DONNONS EN MANDEMENT à nos Amez & Féaux Conſeillers les Gens tenans nôtre Cour de Parlement à Paris , que ces Preſentes ils ayent à faire regiſtrer , & du contenu en icelles faire joüir & uſer les Jurez , Corps & Communauté des Maîtres Fourbiſſeurs de nôtre bonne Ville & Fauxbourgs de Paris , pleinement & paiſiblement, ſelon leur forme & teneur : CAR tel eſt nôtre plaiſir : En témoin de quoy Nous avons

fait mettre nôtre Scel à cefdites Prefentes. DONNE' à Verfailles le troifiéme jour de Mars mil fix cent quatre - vingt-
treize ; & de nôtre Regne le cinquantiéme. Signé , LOUIS :
Et plus bas , par le Roy , PHELYPPEAUX.

*Regiftrées, oüy & ce requerant le Procureur General du Roy , pour
être executées felon fa forme & teneur , & Copie collationnée envoyée
au Châtelet de cette Ville de Paris , pour y être lûë , publiée & regif-
trée ; Enjoint au Subftitut du Procureur General du Roy d'y tenir la
main , & d'en certifier la Cour dans huitaine fuivant l'Arrêt de ce
jour. A Paris en iceluy le premier Avril mil fix cent quatre-vingt-treize.
Signé , DU TILLET.*

Vû au Confeil, PHELYPPEAUX.

ARREST DU CONSEIL D'ETAT DU ROY ,
qui unit & incorpore au Corps & Communauté des
Maîtres Fourbiffeurs les Offices d'Auditeurs-Examinateurs des Comptes de leur Communauté , moyennant la
fomme de 9000. liv. & qui fixe l'augmentation des
Droits de Vifite, Receptions de Maître , Brevets d'Apprentiffage , Ouvertures de Boutique , &c.

Du 24. Juillet 1696.

SUR la Requête prefentée au Roy en fon Confeil par les
Jurez , Corps & Communauté des Maîtres Fourbiffeurs
de la Ville & Fauxbourgs de Paris : Contenant , que Sa Majefté par fon Arrêt du 12. Juin 1693. ayant ordonné que les
Offices d'Auditeurs , Examinateurs des Comptes des Corps &
Communautez créés par Edit du mois de Mars 1694. feroient
& demeureroient pour toûjours réünis & incorporez aufdits
Corps & Communautez aufquels appartiendroit le Droit Royal
attribué aufdits Offices depuis ledit Edit , & à toûjours, pour
être

être payé par chacun Afpirant à la Maîtrife, fuivant la fixa-
tion portée par l'Edit du mois de Mars 1691. Et en outre, que
lefdits Corps & Communautez joüiroient, à commencer au
premier Janvier audit an 1695. des Gages qui leur étoient attribuez par l'Etat d'évaluation qui en feroit fait au Confeil,
eu égard à la portée du Droit Royal & aux Gages qui feroient
attribuez à chaque Communauté, & que dans quinzaine,
pour toutes préfixions & délais, il feroit fait à la Requête des
Gardes, Syndics & Jurez des Corps des Marchands & Communautez d'Arts & Métiers des Repartitions de la Finance defdits Offices fur le pied de ladite évaluation, fur tous ceux qui
compofoient lefdits Corps & Communautez Privilegiez & non
Privilegiez, le plus équitablement que faire fe pourroit, à
proportion des facultez de chaque Particulier ; le montant
defquelles Repartitions feroit payé, enfemble les 2. f. pour liv.
un tiers un mois après la Signification dudit Arrêt ; le fecond
tiers trois mois après, & le parfait payement dans les trois
mois fuivans ; fçavoir, les fommes principales fur les Quittances du Treforier des Revenus Cafuels, ou fur les Recepiffez de Maître Mathieu Lion, chargé du recouvrement de ladite Finance, fes Procureurs, Commis ou Prépofez, portant
promeffe de rapporter ladite Quittance, & les 2. fols pour livre fur la Quittance dudit Lion ; & qu'ayant pareillement
appris que la Finance defdits Offices pour leur Communauté
avoit été liquidée & moderée là la fomme de 9000. livres,
& 900. livres pour les deux fols pour livre, avec attribu-
tion de 210. livres de Gages effectifs, & du Droit Royal, ils
auroient fait leurs Soûmiffions de payer ladite fomme, & plufieurs Maîtres auroient volontairement offert de prêter diver-
fes fommes pour contribuer au payement de ladite Finance,
& pour faciliter lefdits Emprunts, & affûrer le payement du
principal & des interêts des fommes qui feroient prêtées, par
une Déliberation des 8. des prefens mois & an, ils feroient
demeurez d'accord que ceux qui prêteroient à la Communauté
pour payer la Finance defdits Offices auroient hypotheque &
Privilege fpecial fur lefdits Offices, fur les 210. liv. de Gages
qui y font attribuez, fur les Deniers provenans du Droit Royal,
enfemble fur les autres Droits cy-après exprimez, qu'ils au-

F

roient consenti être levez à l'avenir sur la Communauté, &
que les interêts des sommes qui seroient prêtées seroient payez
à raison du Denier vingt en vertu du Billet en forme de Re-
cepissé qui leur seroit donné par les Jurez, des sommes qu'ils
auroient prêtées, & du jour desdits Recepissez; que le Droit
de Visite établi par la Declaration du Roy du 3. Mars 1693.
seroit augmenté de 40. sols par chacun an par chaque Maître ;
que le Chef-d'œuvre qui est fait par les Aspirans demeureroit
au profit de la Communauté, & ne pourroit exceder la somme
de 50. liv. & que la somme qui se paye pour chaque Brevet
d'Apprentissage sera augmentée de 10. liv. celle qui se paye
pour Ouverture de Boutique de pareille somme de 10. liv. que
tous les Anciens seroient mandez au Chef-d'œuvre en la maniere accoûtumée ; mais qu'il seroit seulement payé 30. sols à
chacun au lieu de 3. liv. qui leur étoit payé ; que ceux qui
travaillent en Gardes d'Or & d'Argent payeroient pour l'Ins-
culpation de leur Poinçon 20. liv. dont il y auroit 30. sols pour
chaque Juré, & le surplus pour la Communauté; qu'il leur seroit permis de recevoir quatre Maîtres sans qualité; qu'il seroit
fait deffenses à tous Maîtres de donner à travailler de quelques
Ouvrages du Métier que ce pût être, à d'autres qu'à des Maîtres Fourbisseurs, & à tous Compagnons du Métier de se retirer pour travailler dans les Lieux Privilegiez, sous les peines
portées par la Declaration du Roy du 10. Decembre 1666.
qu'il ne seroit pas permis à un Maître de prendre un Compagnon sortant de chez un autre Maître sans le consentement
dudit Maître, ny audit Compagnon d'entrer chez un Maître
demeurant dans le même Quartier, & dans la même ruë que
celuy qu'il quitte, que six mois après en être sorti ; & que les
Gages attribuez ausdits Offices, ce qui proviendra du Droit
Royal & de l'augmentation sur les Droits de Visite, Brevets
d'Apprentissage & Ouvertures de Boutique, seront employez
tous les six mois à payer les interêts ou arrerages des sommes
qui auroient été prêtées pour la Finance desdits Offices dont
les Jurez rendroient compte à la fin de chaque année en la
maniere accoûtumée, & en presence du sieur Procureur du
Roy du Châtelet, & ce qui se trouveroit de reste entre les
mains des Jurez après les interêts payez, seroit employé au

remboursement de quelque principal , sans que les deniers
pussent être divertis ny employez à autre dépense sous quelque
prétexte que ce fut ; & après lesdites sommes payées , ladite
augmentation de Droits de Visite n'auroit plus de lieu , & que
Sa Majesté seroit suppliée de dispenser les Jurez de prendre à
l'avenir des Lettres de confirmation. VEU ladite Requête ,
ladite Déliberation dudit jour huit Juin 1696. OUY le
Rapport du sieur PHELYPPEAUX DE PONTCHARTRAIN ,
Conseiller ordinaire au Conseil Royal , Contrôlleur General
des Finances : LE ROY EN SON CONSEIL , a ordonné
& ordonne , qu'en payant par la Communauté des Maîtres
Fourbisseurs la somme de 9000. liv. à laquelle la Finance des
Offices d'Auditeurs-Examinateurs des Comptes créés hereditaires par Edit du mois de Mars 1694. a été évaluée & moderée , &
celle de 900. liv. pour les 2. s. pour livre : Sçavoir , un tiers
comptant , un autre tiers dans le dernier Août prochain , &
le dernier faisant le parfait payement , dans le dernier Septembre suivant , lesdits Offices seront & demeureront réünis &
incorporez pour toûjours à ladite Communauté , sans qu'il
soit besoin de prendre des Lettres de Provision , nomination
ou confirmation , dont Sa Majesté les a relevez & dispensez :
Ordonne qu'à commencer du premier Janvier 1695. ladite
Communauté joüira de 210. liv. de Gages attribuez ausdits
Offices , ensemble du Droit Royal , à commencer depuis
l'Edit du mois de Mars 1694. tel qu'il a été établi par l'Edit
du mois de Mars 1691. Permet Sa Majesté aux Jurez de present
en Charge , d'emprunter les sommes necessaires pour payer la
Finance desdits Offices , & d'hypothequer à ceux qui prêteront
lesdites sommes , le Corps desdits Offices ; ensemble les 210.
livres de Gages qui y sont attribuez , le Droit Royal , &
autres Droits cy-après exprimez , que Sa Majesté leur permet
de lever , & faire payer conformément à la Déliberation de
la Communauté du 8. Juin dernier , sçavoir , 40. sols par an
qui seront payez par chacun Maître par augmentation aux
Droits de Visite établis par la Declaration du 3. Mars 1693.
les Deniers qui proviendront des Chef-d'œuvres qui seront
faits par les Aspirans , qui demeureront au profit de la Communauté , lesquels ne pourront exceder la somme de 50. liv.

celle de 10. liv. qui fera payée par augmentation pour chaque Brevet d'Apprentiffage , & pareille fomme de 10. liv. pour chaque Ouverture de Boutique ; leur permet en outre Sa Majefté de recevoir 4. Maîtres fans qualité ; Ordonne que tous ceux qui auront prêté à la Communauté feront payez des interêts des fommes qu'ils auront prêtées en vertu du Recepiffé qui leur en aura été donné par les Jurez , & du jour d'iceluy : Que tous les Anciens feront mandez aux Chefs-d'œuvres en la maniere accoûtumée , & qu'il leur fera payé feulement à chacun 30. fols pour leurs Droits, au lieu de 3. liv. qui leur étoient cy-devant payées ; & que les Maîtres qui travaillent en Gardes d'or & d'argent payeront 20. liv. pour l'infculpation de leur Poinçon, dont il appartiendra 30. fols à chaque Juré, & le furplus à la Communauté : Fait Sa Majefté deffenfes à tous les Maîtres de donner à travailler quelques Ouvrages du Métier que ce puiffe être , à d'autres qu'à des Maîtres Fourbiffeurs , ny de prendre un Compagnon fortant de chez un Maître , fans avoir demandé le confentement dudit Maître ; Fait pareilles Deffenfes à tous Compagnons fortans de chez un Maître , d'entrer chez un autre Maître demeurant dans le même Quartier , & dans la même ruë , finon fix mois après en être forti ; comme auffi de fe retirer pour travailler dans les Lieux Privilegiez , fous les peines portées par la Declaration du Roy du 10. Decembre 1666. ordonne que les Gages, Droit Royal & autres Droits cy-deffus feront reçûs par les Jurez , & par eux employez tous les 6. mois à payer les interêts ou arrerages des fommes qui auront été prêtées pour la Finance defdits Offices , dont les Jurez rendront compte à la fin de chaque année en la maniere accoûtumée , en prefence du Procureur de Sa Majefté en fon Châtelet , & ce qui fe trouvera de refte entre leurs mains après les interêts payez, fera employé à rembourfer quelque portion du principal , fans que lefdits Deniers puiffent être divertis ny employez à aucune autre dépenfe fous quelque prétexte que ce foit , & après lefdites fommes principales acquittées, l'augmentation de Droit de Vifite n'aura plus de lieu ; Veut auffi Sa Majefté que les Jurez foient élûs en la maniere accoûtumée , & ceux qui le feront à l'avenir puiffent exercer leurs fonctions en

vertu des Commiffions qui leur feront délivrées par fon Procureur au Châtelet, ainfi qu'ils faifoient avant l'Edit du mois
de Mars 1691. & fa Declaration du 3. Mars 1693. aufquels
Sa Majefté a dérogé & déroge pour ce regard feulement ; &
pour l'execution du prefent Arrêt toutes Lettres neceffaires
feront expediées ; Fait au Confeil d'Etat du Roy, tenu à
Marly le vingt-quatriéme jour de Juillet mil fix cent quatre-
vingt feize. Collationné avec Paraphe. Signé , RANCHIN.

SENTENCE RENDUE PAR MONSIEUR
le Lieutenant General de Police , qui fait deffenfes
à tous Maîtres Fourbiffeurs de ne faire qu'un Apprentif
que de dix ans en dix ans.

Du 12. May 1701.

A TOUS CEUX QUI CES PRESENTES
LETTRES VERRONT : Charles-Denis de Bullion ,
Chevalier, Marquis de Gallardon , & autres Lieux , Confeiller
du Roy en fes Confeils , Garde de la Prévôté & Vicomté de
Paris , SALUT : Sçavoir faifons : que Vû l'Acte de Déliberation de la Communauté des Maîtres Fourbiffeurs à Paris
du 17. Janvier 1701, portant, que pour le foulagement &
maintien de ladite Communauté , les Jurez , Anciens , Modernes & Jeunes Maîtres d'icelle , s'étant affemblez le 17. Janvier
dernier , & fur ce qui leur avoit été reprefenté par Alexandre Candieu, Lucien Maupetit, François Damame & Etienne
Cabry, Jurez de la Communauté , de prefent en Charge,
qu'ils ont journellement des Plaintes de la part des Maîtres de
la Communauté, au fujet de ce qu'ils ne peuvent gagner leur
vie par la mifere du tems , même par le trop grand nombre
de Maîtres qui ont été reçûs depuis très-peu de tems , & autrement , ce qui les met hors d'état de pouvoir non-feulement
payer les 8. liv. que doivent payer par chacun an les Maîtres
pour le Droit Royal à ladite Communauté , mais encore de

subvenir aux besoins & miseres de leur Famille, pour à quoy remedier, & sur la Proposition qui avoit été faite pour empêcher lesdits Maîtres de manquer d'Ouvrages & les soulager en leurs calamitez, d'empêcher qu'aucun Maître de ladite Communauté, presens & à venir, ne pût prendre qu'un Apprentif pendant l'espace de 10. ans, au lieu des cinq portez par leurs Statuts, bien entendu que chacun desdits Maîtres sera cinq ans sans prendre d'Apprentifs, qui est le plus sûr moyen de soulager lesdits Maîtres, parce que par ce moyen empêcheroit l'accroissement d'un trop grand nombre de Maîtres, qui étant déja au nombre de 200. est plus considerable qu'il ne convient, à cause de ce que la plûpart manque d'Ouvrages ; & la matiere mise en Déliberation, ils ont trouvé à propos & sont tous unanimement convenus, a été resolu & arrêté, qu'à l'avenir aucuns Maîtres de la Communauté, presens & à venir, ne pourront prendre plus d'un Apprentif pendans l'espace de 10. ans, au lieu des 5. portez par leurs Statuts, c'est-à-dire, que chacun Maître sera 5. ans sans pouvoir prendre d'Apprentifs, & ainsi continuer à toûjours, sous peine d'amende telle qu'il plaira à la Justice arbitrer ; & desirans que ladite Déliberation fut ajoûtée par forme d'Article aux Statuts & Reglemens de leur Communauté ausquels il ne sera dérogé ; Nous serions suppliez d'homologuer iceluy pour être executé avec les Refusans selon sa forme & teneur ; c'est pourquoy ils Nous ont presenté leur Requête tendante à ce que en l'homologuant, il Nous plût ordonner que ledit Acte de Déliberation & nôtre Sentence seront executées selon leur forme & teneur, à peine d'amende contre les Contrevenans, & que nôtre Sentence sera executée nonobstant Oppositions ou Appellations quelconques, & sans préjudice d'icelle, & ajoûté aux Statuts de leur Communauté : ladite Requête Signé, QUENTIN, Procureur des Supplians, Conclusions du Procureur du Roy : Tout consideré. NOUS, du consentement du Procureur du Roy, auquel le tout a été communiqué, avons ledit Acte de Déliberation de la Communauté des Maîtres Fourbisseurs à Paris, du 17. Janvier dernier, qui demeurera annexé à la Minute des Presentes, homologué pour être executé par tous les Maîtres de ladite

Communauté, prefens & à venir, en confequence : Difons, que Deffenfes font faites à tous lefdits Maîtres Fourbiffeurs, prefens & à venir, de faire aucuns Apprentifs de leur Métier que de 10. ans en 10. ans , au lieu de cinq ans , à l'effet de quoy avons prorogé ledit tems de cinq années , pendant lequel ils pourront faire un Apprentif à celuy de 10. ans , à peine contre les Contrevenans de 100. liv. d'amende & de nullité des Brevets d'Apprentiffage qui feront paffez , & de tous dommages & interêts. Ordonnons que ledit Refultat & Acte de Déliberation fera ajoûté aux anciens Statuts , & que mention fera faite de nôtre prefente Sentence fur le Regiftre de ladite Communauté , ce qui fera executé fans préjudice de l'Appel , nonobftant Oppofitions ou Appellations quelconques : En témoin de ce Nous avons fait fceller ces Prefentes ; Ce fut fait & donné par Meffire René de Voyer d'Argenfon , Chevalier, Confeiller du Roy en fes Confeils, Maître des Requêtes ordinaire de fon Hôtel, Lieutenant General de la Ville, Prévôté & Vicomté de Paris, le douziéme jour de May 1701.

REQUESTE PRESENTE'E A MONSIEUR

le Lieutenant General de Police , au fujet de la Reddition des Comptes , & qui ordonne à tous les Maîtres Fourbiffeurs qui y feront appellez , de s'y trouver , comme aux Affemblées qui feront faites audit Bureau de la Communauté, à peine de 3. l. d'amende.

Du 18. Août 1701.

SUPPLIENT humblement Jacques Crepin ; François Damame ; Eftienne Cabry ; & Jacques Compagnon, Jurez en Charge de la Communauté des Maîtres Fourbiffeurs à Paris : DISANS , Qu'au fujet du Compte qui eft à rendre par Alexandre Candieu, Lucien Maupetit , lefdits Damame & Cabry de la Jurande derniere qu'ils ont exercée conjointement en la maniere accoûtumée , pour l'Examen & Reception dudit Compte , ils ont fait mander au Bureau de ladite

Communauté par le Clerc d'icelle les Maîtres, Anciens, Modernes & Jeunes, suivant le nombre porté par les Reglemens, lequel Compte n'auroit pû être examiné faute de la presence desdits Maîtres qui ont méprisé de s'y trouver, ne s'y en étant trouvé que 7. à 8. Maîtres au plus ; & comme il n'est pas juste que les Affaires d'une Communauté se retardent & perissent, les Maîtres chacun à leur particulier étans obligez de venir aux Assemblées necessaires lorsqu'ils y sont mandez par les Jurez, requierent leur être par Vous pourvû. Ce Consideré, MONSIEUR ; Il vous plaise ordonner que lesdits Maîtres, Anciens, Modernes & Jeunes, seront tenus de comparoir au Bureau, lorsqu'ils y seront mandez, pour la Reddition dudit Compte, & pour toutes autres Assemblées pour les Affaires de ladite Communauté, à peine d'amende telle qu'il Vous plaira arbitrer, même de destitution de leur Maîtrise : & ferez justice. Signé. J. CREPIN ; FRANÇOIS DAMAME ; ESTIENNE CABRY ; J. COMPAGNON, Jurez. QUENTIN, Procureur.

Soit fait ainsi qu'il est requis, & seront les absens par Nous condamnez chacun à 3. liv. d'amende. Fait ce 18. Août 1701.

M. R. DE VOYER D'ARGENSON.

❖❖❖❖❖❖❖❖❖❖❖❖❖❖❖❖❖❖❖❖❖❖❖❖❖❖❖❖❖❖❖❖❖❖❖

ARREST DU CONSEIL D'ETAT DU ROY,
qui unit & incorpore à la Communauté des Maîtres Fourbisseurs, l'Office de Contrôlleur, Visiteur des Poids & Mesures, & celuy de Greffier des Enregistremens des Brevets d'Apprentissage, Lettres de Maîtrise, & autres Actes, en payant par ladite Communauté la somme de 11000. liv.

Du 27. Juillet 1706.

SUR la Requête presentée au Roy en son Conseil, par les Jurez, Anciens & Maîtres de la Communauté des
Maîtres

Maîtres Fourbiſſeurs de la Ville & Fauxbourgs de Paris ;
CONTENANT, que Sa Majeſté ayant créé par Edit du mois de
Janvier 1704. des Offices de Contrôlleurs, Viſiteurs des Poids
& Meſures dans les Corps des Marchands, Communautez &
Profeſſions d'Arts & Métiers ; & par autre Edit du mois
d'Août de la même année, des Greffiers pour inſinuer &
regiſtrer les Brevets d'Apprentiſſage, Lettres de Maîtriſes,
les Elections des Syndics, Jurez, & autres Actes concernans
la Police & Diſcipline des mêmes Corps & Communautez,
ils ont un notable interêt que les Fonctions deſdits Offices en
ce qui concerne leur Communauté, ne ſoient exercées que
par des Gens de probité & d'experience dans leur Commerce,
pour éviter les Procez & autres inconveniens qui pourroient
arriver ; Perſonne n'étant d'ailleurs en état de remplir leſdites
Fonctions plus dignement & avec plus d'exactitude que les
Jurez de ladite Communauté : joint que ſi Sa Majeſté vouloit
bien leur accorder quelque moderation de ladite Finance,
tant pour le rachat du Droit de 2. liv. que chacun d'eux eſt
tenu de payer annuellement pour la Redevance deſdits Poids
& Meſures, que des Droits attribuez audit Office de Greffier,
conformément aux Edits de Création, Tarif arrêté au Conſeil
le 15. Janvier 1704. & la Declaration du 10. Février 1705. il
eſt plus juſte que les Pauvres de leur Communauté en profitent
que des Etrangers ; pour raiſon de quoy, & attendu que par
l'Arrêt du Conſeil du 28. Octobre 1704. & par la Declaration
du 28. May 1705. Sa Majeſté a réüni auſdits Corps & Communautez leſdites Fonctions & Droits, les Jurez, Anciens &
Maîtres de ladite Communauté qui n'ont pû juſques-à-preſent
profiter de cette grace, ne ſe trouvant pas en état de payer
en entier les ſommes qui leur étoient demandées pour la Finance deſdits Offices, auroient très-humblement ſupplié Sa
Majeſté de ſe contenter pour la réünion d'iceux à leur Communauté, à commencer du premier Janvier dernier, de la
ſomme de 11000. liv. & les 2. ſols pour liv. d'icelle, payable
en 9. payemens égaux, dont le premier échera le 26. du
courant, & les 8. autres écheront de deux en deux mois
ſuivans, aux Gages actuels & effectifs par chacun an de la
ſomme de 275. liv. dont le fond ſera employé dans les Etats

G

des Finances de la Generalité de Paris, à commencer dudit
jour premier Janvier dernier, pour en joüir, conformément
à leur Soûmiſſion; & pour les mettre en état de ſatisfaire auſdits Payemens, qu'il luy plût leur permettre d'emprunter non-
ſeulement ladite ſomme de 11000. liv. & les 2. ſ. pour livre,
mais encore celle de 600. liv. pour les aider à ſupporter les
frais qu'il conviendra faire au ſujet de l'Emprunt & recouvrement deſdites ſommes; & pareillement attendu qu'ils ne ſont
pas aſſûrez de les trouver à emprunter dans le Public, leur
permettre de les impoſer en tout ou partie ſur les Maîtres &
Veuves qui compoſent ladite Communauté, même ſur ceux
& celles qui ont fait ſignifier leur Renonciation à la Maîtriſe
depuis le mois de Mars 1691. ſuivant l'Etat de Répartition qui
en ſera arrêté par le ſieur d'Argenſon, Lieutenant General
de Police, dont il eſt juſte auſſi que les interêts ſoient payez à
chacun d'eux du jour qu'ils auront achevé de payer leur cotte-
part en entier : & Sa Majeſté voulant traiter favorablement
leſdits Jurez, Anciens & Maîtres de ladite Communauté, &
leur témoigner la ſatisfaction qu'Elle a de leur obéïſſance :
VEU ladite Requête, leſdits Edits des mois de Janvier &
Août 1704. le Tarif des Droits des Poids & Meſures arrêté au
Conſeil le 15. dudit mois de Janvier, l'Arrêt dudit jour 28,
Octobre audit an, les Declarations de Sa Majeſté des 10. Février & 28. May 1705. la Soûmiſſion deſdits Jurez du 26. Juillet
dernier, tant pour eux que pour les Anciens & autres Maîtres
de ladite Communauté, contenant leurs offres pour la réünion
deſdits Offices & Droits à leur Communauté, aux Clauſes &
Conditions y portées ; enſemble l'Avis dudit Sieur d'Argen-
ſon, Conſeiller de Sa Majeſté en ſes Conſeils, Maître des
Requêtes ordinaire de ſon Hôtel, Lieutenant General de Police
de la Ville & Fauxbourgs de Paris : Ou y le Rapport du ſieur
Fleuriau d'Armenonville, Conſeiller ordinaire au Conſeil
Royal, Directeur des Finances. LE ROY EN SON
CONSEIL, a ordonné & ordonne, qu'en payant par les
Jurez, Anciens, & Maîtres de la Communauté des Maîtres
Fourbiſſeurs de la Ville & Fauxbourgs de Paris, à Maître
Elie Bieſt, & Nicolas Cartier, chargez du recouvrement
de la Finance qui doit provenir de l'execution deſdits Edits

des mois de Janvier , & Août 1704. la fomme de 11000. l. de
Finance principale , & celle de 1100. liv. pour les deux fols
pour liv. en 9. Payemens égaux , dont le premier échera le 26.
du préfent mois , & les 8. autres de 2. en 2. mois , fucceffi-
vement ; fçavoir, le principal fur les Recepiffez defdits Bieft
& Cartier, leurs Procureurs ou Commis , portant Promeffe
de rapporter la Quittance du Treforier des Revenus Cafuels ,
& les deux fols pour liv. fur leurs fimples Quittances , l'Office
de Contrôlleur , Vifiteur des Poids & Mefures , & celuy de
Greffier des Enregiftremens des Brevets d'Apprentiffage ,
Lettres de Maîtrife , & autres Actes, en ce qui concerne ladite
Communauté ; enfemble les Fonctions & Droits y attribuez,
demeureront réünis & appartiendront à ladite Communauté ,
conformément à la Soûmiffion dudit jour 26. Juillet dernier ,
aux Gages actuels & effectifs par chacun an de la fomme de
275. liv. dont le fonds fera employé dans les Etats des Finances de la Generalité de Paris , à commencer du premier
Janvier dernier , pour en joüir fuivant ladite Soûmiffion.
Permet , Sa Majefté , à ladite Communauté , pour faciliter
les Payemens defdites fommes , d'en emprunter les Deniers,
en tout ou partie, fuivant les Déliberations qui feront prifes
en la maniere accoûtumée , fur le pied que lefdits Jurez pourront trouver lefdites fommes à emprunter du Public , par
Contrats , Billets ou autrement ; comme auffi celle de 600.
liv. pour les aider à fupporter les frais neceffaires au fujet de
l'Emprunt & recouvrement defdites fommes : VEUT , Sa
Majefté , que ceux qui prêteront leurs Deniers ayent hypotheque fur tous les Biens & Effets de ladite Communauté , &
fpecialement fur lefdits Droits & Gages qui y demeureront
affectez & hypothequez. Permet en outre , Sa Majefté , aufdits Jurez d'impofer , fi befoin eft , lefdites fommes en tout
ou partie fur lefdits Maîtres & Veuves de ladite Communauté,
même fur ceux & celles qui ont fait fignifier leur Renonciation à la Maîtrife depuis le mois de Mars 1691. & à cet effet
de faire un Etat de Répartition de ce que chacun d'eux devra
fournir , lequel Etat fera arrêté par ledit Sieur d'Argenfon ,
& les Dénommez en iceluy contraints comme pour les propres Deniers & Affaires de Sa Majefté , à condition que

G ij

lesdits Maîtres & Veuves feront payez des interêts desdites fommes par ladite Communauté, à raifon du denier vingt, lefquels neanmoins ne commenceront à courir, à l'égard de chacun d'eux, que du jour qu'ils auront achevé de payer leur cotte-part en entier, & ils feront payez des interêts jufqu'à leur actuel rembourfement, à la charge par les Jurez de ladite Communauté de rendre compte toutes fois & quantes defdites fommes, pardevant ledit fieur d'Argenfon. VEUT, Sa Majefté, que le prefent Arrêt, & ce qui fera ordonné en confequence par ledit Sieur d'Argenfon, foit executé nonobftant oppofitions & autres empêchemens quelconques, dont fi aucuns interviennent, Sa Majefté a refervé la con-noiffance à fon Confeil, & icelle interdit à fes Cours & autres Juges; & pour l'execution du prefent Arrêt toutes Lettres neceffaires feront expediées. FAIT au Confeil d'Etat du Roy, tenu à Marly le vingt-feptiéme jour de Juillet mil fept cent fix. Collationné. RANCHIN.

Collationné à l'Original, par Nous Confeiller-Secretaire du Roy, Maifon, Couronne de France & de fes Finances.

LETTRES PATENTES
DU ROY,

Renduës en faveur de la Communauté des Maîtres
Marchands Fourbisseurs de la Ville & Fauxbourgs
de Paris.

Du 27. May 1707.

L OU I S par la Grace de Dieu , Roy de France & de
Navarre : A tous ceux qui ces presentes Lettres verront :
SALUT : Marc le Roy ; Guillaume la Garde ; Pierre Heudebert ;
& Guillaume Pages , Jurez - Gardes de la Communauté des
Maîtres Marchands Fourbisseurs de nôtre bonne Ville & Faux-
bourgs de Paris , Nous ont très-humblement fait remontrer
qu'ayant par nôtre Edit du mois de Janvier 1704. créé des
Offices de Contrôlleurs , Visiteurs de Poids & Mesures dans
les Corps des Marchands , Communautez & Professions d'Arts
& Métiers ; & par nôtre Edit du mois d'Août de la même an-
née des Greffiers pour insinuer & registrer les Brevets d'Ap-
prentissage , Lettres de Maîtrise , les Elections des Syndics &
Jurez , & tous autres Actes concernans la Police & Discipline
des mêmes Corps & Communautez , les Maîtres de ladite
Communauté ont un notable interêt que les Fonctions desdits
Offices , en ce qui la concerne , ne soient exercées que par des
Gens de probité & d'experience dans leur Commerce , pour
éviter les Procez & autres inconveniens qui pourroient arriver , Personne n'étant d'ailleurs en état de remplir lesdites
Fonctions plus dignement & avec plus d'exactitude que les
Jurez-Gardes de ladite Communauté ; joint que si Nous vou-
lions bien leur accorder quelque moderation de la Finance ,

tant pour le rachat du Droit de quarante fols que chacun
d'eux eſt tenu de payer annuellement pour la Redevance deſdits
Poids & Meſures, que des Droits attribuez auſdits Offices de
Greffiers, conformément à nos Edits de Création, Tarif arrêté en nôtre Conſeil le 15. Janvier 1704. & nôtre Declaration du 10. Février 1705. il eſt plus juſte que les Pauvres de
leur Communauté en profitent que des Etrangers ; pour raiſon de quoy, & attendu que par l'Arrêt de nôtre Conſeil du
28. Octobre 1704. & par nôtre Declaration du 19 May 1705.
Nous avons réüni auſdits Corps & Communautez leſdites
Fonctions & Droits, les Jurez-Gardes, Anciens & Maîtres
de ladite Communauté, qui n'ont pû juſqu'à preſent profiter
de cette grace, ne ſe trouvant pas en état de payer en entier les ſommes que Nous leur demandons pour la Finance
deſdits Offices, Nous auroient très-humblement fait ſupplier de
Nous contenter, pour la réünion d'iceux à leur Communauté,
à commencer du premier Janvier 1706. de la ſomme de 11000.
liv. & celle de 1100. liv. pour les deux fols pour livre d'icelle,
laquelle Propoſition & Offre Nous avons bien voulu accepter,
& en conſequence Nous avons ordonné par l'Arrêt de nôtre
Conſeil du 27. Juillet 1706. qu'en payant par eux leſdites
ſommes dans certain tems, leſdits Offices demeureroient unis
& incorporez à leur Communauté, avec les Droits y attribuez, & de 275. liv. de Gages actuels & effectifs par chacun
an, dont le fonds ſera employé dans les Etats des Finances
de la Generalité de Paris, à commencer dudit jour premier
Janvier 1706. pour en joüir conformément à leur Soumiſſion du
26. Juillet 1706. & pour les mettre en état de ſatisfaire auſdits
payemens, qu'il Nous plût leur permettre d'emprunter, non-ſeu-
lement ladite ſomme de 11000. l. & les 2. ſ. pour l. mais encore
celle de 600. l. pour les aider à ſupporter les frais qu'il conviendra faire au ſujet de l'Emprunt & recouvrement deſd. ſommes;
& pareillement attendu qu'ils ne ſont pas aſſûrez de les trouver à emprunter dans le Public, leur permettre de les impoſer, en tout ou partie, ſur les Maîtres & Veuves qui compoſent ladite Communauté, mêmé ſur ceux & celles qui ont
fait ſignifier leur Renonciation à la Maîtriſe depuis le mois de
Mars 1691. ſuivant l'Etat de Repartition qui en ſera arrêté par

le fieur d'Argenfon, Maître des Requêtes ordinaire de nôtre
Hôtel, Lieutenant General de Police de nôtredite Ville &
Fauxbourgs de Paris, dont il eft jufte auffi que les interêts
foient payez à chacun d'iceux du jour qu'ils auront achevé de
payer leur Cotte-part en entier ; d'ailleurs jugeant neceffaire
de pourvoir à ce que les arrerages des fommes qu'ils emprun-
teront du Public, ou qu'ils leveront par repartition, foient
exaêtement payées, & même qu'il puiffe y avoir de tems à
autre du revenant-bon pour l'employer à l'extinêtion du principal, ce qui ne fe peut qu'en impofant quelques Droits nouveaux fur les Vifites & fur les Receptions, & en fe prefcri-
vant des Reglemens qui les maintiennent dans une exaête Difcipline, & empéchent les abus qui détruifent ordinairement les
Communautez les mieux établies; ils ont pris entr'eux, fous
nôtre bon plaifir, une Déliberation contenant quelques Difpofitions qu'ils defireroient qu'il Nous plût autorifer ; & voulant favorablement traiter ladite Communauté des Maîtres
Marchands Fourbiffeurs, leur donner des marques de la fa-
tisfaêtion que Nous avons de leur obéïffance, & leur faire
reffentir les effets de nôtre proteêtion : A ces Caufes & autres, à ce Nous mouvans ; après avoir fait examiner en nôtre Confeil la Déliberation defdits Maîtres Marchands Fourbiffeurs, & ledit Arrêt dudit jour 27. Juillet 1706. de nôtre
certaine Science, pleine Puiffance & Autorité Royale, Nous
AVONS par ces Prefentes, fignées de nôtre main, dit, ftatué
& ordonné ; difons, ftatuons & ordonnons, voulons & Nous
plaît, qu'en payant par les Jurez-Gardes, Anciens & Maîtres
de ladite Communauté à Maître Elie Bieft & Nicolas Cartier
chargez du recouvrement de la Finance qui doit provenir de
l'execution defdits Edits des mois de Janvier & Août 1704.
la fomme de 11000. liv. de Finance, & celle de 1100. liv.
pour les deux fols pour livre dans les termes portez par ledit
Arrêt de nôtre Confeil dudit jour 27. Juillet 1706. attaché
fous nôtre contre-Scel : Sçavoir, le principal fur les Recepiffez
defdits Bieft & Cartier, leurs Procureurs ou Commis, portans promeffe de fournir la Quittance du Treforier de nos
Revenus Cafuels, & les deux fols pour livre d'icelle fur
leur fimple Quittance : L'Office de Contrôlleur, Vifiteur des

Poids & Mesures, & celuy de Greffier des Enregiftremens des
Brevets d'Apprentiffage, Lettres de Maîtrifes, & autres Actes
en ce qui concerne ladite Communauté ; enfemble les Fonctions & Droits y attribuez, demeureront réünis, & appartiendront à ladite Communauté, conformément à la Soumiffion
dudit jour 26. Juillet dernier, aux Gages actuels & effectifs par
chacun an de 275. liv. dont le Fonds fera employé dans les
Etats des Finances de la Generalité de Paris, à commencer du
premier Janvier 1706. pour en joüir fuivant ladite Soumiffion :
Permettons à ladite Communauté, pour faciliter le payement
defdites fommes, d'en emprunter les Deniers en tout ou partie,
comme auffi celle de 600. liv. pour les aider à fupporter les
frais neceffaires au fujet de l'Emprunt & Recouvrement
defdites fommes. Voulons que ceux qui prêteront lefdits Deniers ayent hypotheque fur tous les Biens & Effets de ladite
Communauté, & fpecialement fur lefdits Droits & Gages qui
y demeureront affectez & hypothequez. Permettons en outre
aufdits Jurez-Gardes d'impofer, fi befoin eft, lefdites fommes
en tout ou partie fur les Maîtres & Veuves de ladite Communauté, même fur ceux & celles qui ont fait fignifier leur
Renonciation à la Maîtrife depuis le mois de Mars 1691. &
à cet effet d'en faire un Etat de Repartition de ce que chacun
d'eux devra fournir, lequel Etat fera arrêté par ledit fieur
d'Argenfon, & les Dénommez en iceluy contraints comme
pour nos propres Deniers & Affaires, à condition que lefdits
Maîtres & Veuves feront payez des interêts defdites fommes
par ladite Communauté fur le pied du Denier vingt, lefquels
neanmoins ne commenceront à courir, à l'égard de chacun
d'eux, que du jour qu'ils auront achevé de payer leur Cotte-
part en entier, & ils feront payez defdits interêts jufqu'à leur
actuel remboursement, à la charge par lefdits Jurez-Gardes
de rendre compte toutes fois & quantes defdites fommes ainfi
qu'il eft accoûtumé ; & pour donner moyen à ladite Communauté de payer non-feulement lefdits arrerages annuellement ; mais encore d'acquitter de tems à autre quelque chofe
fur le principal, afin qu'elle foit liberée le plus promptement
qu'il fera poffible ; comme auffi pour maintenir la Difcipline
qui doit être entr'eux, & empêcher les Entreprifes qui fe font
fur

fur leur Profeſſion : Nous avons par ces mêmes Preſentes
dit, ſtatué & ordonnons; diſons, ſtatuons & ordonnons, voulons & Nous plaît ce qui ſuit.

ARTICLE PREMIER.

Qu'il ſoit reçû dans ladite Communauté deux Maîtres ſans
qualité par chacun an juſqu'à l'entier rembourſement des
Deniers empruntez par ladite Communauté pour nôtre ſer-
vice , en execution de nos Edits des mois de Mars 1694.
Juillet 1702. Janvier & Août 1704. ſans que les ſommes qui
proviendront de la Reception deſdits Maîtres ſans qualité puiſſent être employées à autre uſage.

ARTICLE II.

Tous les Anciens qui ſeront appellez au Bureau pour viſiter les Chefs-d'œuvres ſeront tenus de s'y trouver, ſinon déchûs de leurs Droits, qui demeureront au profit de ladite Communauté , s'il eſt ainſi ordonné par ledit Lieutenant General
de Police, deſquels Droits leſdits Jurez-Gardes ſe chargeront
en Recette pour en répondre en leurs propres & privez noms.
Voulons que dans toutes les Aſſemblées qui ſeront convoquées
audit Bureau chacun des Anciens, Modernes & Jeunes qui y
ſeront mandez , donne ſa Voix à ſon tour ſuivant le Rang
de ſa Reception à la Maîtriſe , & que ceux qui y cauſeront
quelque trouble , ou y manqueront de reſpect , ſoient privez
deſdites Aſſemblées, de l'Ordonnance dudit Lieutenant General de Police.

ARTICLE III.

Les Aſpirans à la Maîtriſe ſeront conduits par un Ancien
à ſon tour , ſuivant l'Ordre du Catalogue des Maîtres de ladite Communauté , à moins que l'Aſpirant ne fût Apprentif
d'un Ancien , auquel cas ledit Ancien pourra le conduire
ſans être déchû des Droits qui luy appartiendront comme
Ancien.

H

ARTICLE IV.

Il y aura au Bureau de ladite Communauté des Regiſtres bi·n & dûëment paraphez par premier & dernier feüillet par le-d:t Lieutenant General de Police, pour y enregiſtrer les Receptions des Maîtres & des Apprentifs, les Ouvertures de Boutiques, Lettres de Jurandes, Poinçons, Tranſports de Brevets, Contrats paſſez au profit des Créanciers de ladite Communauté, Rembourſement deſdits Contrats, reddition des Comptes, Déliberations, la Recette en détail des Droits de Viſites, & generalement toutes les Affaires qui concerneront ladite Communauté; leur deffendons de laiſſer dans leſdits Regiſtres aucuns feüillets en blanc, & feront les Contrevenans condamnez envers ladite Communauté en la ſomme de 50. liv. ou telle autre que ledit Lieutenant General de Police eſtimera convenable.

ARTICLE V.

Les deux Jurez ſortans de Charge ſeront tenus la premiere année après leur Jurande d'aſſiſter les Jurez qui leur ſuccederont, & d'être preſens à tous les Actes qui ſeront paſſez au Bureau, ſous pareille peine contre les Contrevenans, ſans qu'il ſoit attribué d'autres Droits auſdits deux Jurez ſortans que l'exemption des Droits de Viſites pendant ladite année ſeulement, comme il s'eſt toûjours pratiqué.

ARTICLE VI.

Il ſera fait un Inventaire de tous les Papiers & autres Effets qui ſeront trouvez au Bureau de ladite Communauté, dont les Jurez, tant preſens qu'à venir, ſe chargeront ſucceſſivement ſur un Regiſtre auſſi dûëment ſigné & paraphé par premier & dernier feüillet par ledit Lieutenant General de Police, & ils en ſeront déchargez à côté de l'Article qui les chargera, après qu'ils en auront rendu un fidele compte, conformément audit Inventaire, à la fin de leur Jurande.

ARTICLE VII.

Les Vifites feront faites en la maniere ordinaire , & les Jurez feront tenus de compter de la totalité defdits Droits , fuivant le Catalogue des Maîtres de ladite Communauté , le tout
conformément à nôtre Declaration du 3. Mars 1693. & Arrêt
de nôtre Confeil du 24. Juillet 1696. & faute par aucuns defdits Maîtres & Veuves de payer lefdits Droits, ils feront déchûs
de la Maîtrife , s'il eft ainfi ordonné par ledit Lieutenant General de Police.

ARTICLE VIII.

Les Jurez-Gardes de ladite Communauté feront tenus de
fe rendre au Bureau tous les Jeudis de chaque femaine , s'il n'eft
pas Fête , finon le lendemain , & d'y demeurer depuis trois
heures après midy jufqu'à fix heures du foir , pour agir fur tout
ce qui concernera ladite Communauté ; leur deffendons d'emporter les Deniers, Papiers & autres Effets chez eux , à peine
de 150. l. dont 50. liv. d'amende envers le Roy , pareille fomme
au profit de ladite Communauté , & le furplus pour le Dénonciateur , & feront tous lefdits Deniers, Papiers & Effets dépofez dans l'Armoire du Bureau fous les quatre Clefs ordinaires , à peine de pareille fomme applicable comme deffus.

ARTICLE IX.

Toutes les dépenfes qui feront faites par les Jurez fans une
Déliberation arrêtée au Bureau de ladite Communauté , feront
nulles & en pure perte pour ceux qui les auront ordonnées.

ARTICLE X.

Et d'autant que les Maîtres Fourbiffeurs ont la faculté , conformément à l'Article 18. du Reglement de l'Orfévrerie du 30.
Decembre 1679. de fondre & apprêter les Matieres d'Or &
d'Argent , & qu'il feroit entierement impoffible d'arrêter le

H ij

cours des fraudes & malverfations qui fe commettent à ce fujet,
qu'en ôtant toute occafion & prétexte aux faux Ouvriers de
travailler dans les Lieux Privilegiez , ou prétendus tels : Ordonnons, conformément à l'Arrêt de nôtre Confeil du 18. Mars
1684. & à nôtre Declaration du 28. Juin 1705. concernant
le Corps des Marchands Orfévres & la Communauté des Maîtres Graveurs de ladite Ville , que tous Compagnons Fourbiffeurs qui fe font refugiez dans les Cloîtres , Hôtels , Prieurez,
Colleges , & autres Lieux , & notamment dans l'Enclos du
Temple , de S. Denis de la Chartre , de S. Jean de Latran &
de l'Abbaye S. Germain , feront tenus , huitaine après la publication des Prefentes dûëment regiftrées en nôtre Parlement de
Paris , de fortir defdits Lieux , & de fe retirer chez les Maîtres
Fourbiffeurs de nôtredite Ville de Paris , à peine de punition
exemplaire : Deffendons à eux & à tous autres de travailler en
Chambres ny ailleurs que chez lefdits Maîtres Fourbiffeurs ,
conformément à l'Article 13. des Statuts de ladite Communauté : Permettons aux Jurez-Gardes d'icelle de faire librement leurs Vifites dans lefdits Lieux Privilegiez, ou prétendus tels , & deffendons de leur apporter aucuns troubles dans
lefdites Vifites , fous telle peine qu'il appartiendra : Leur permettons pareillement de faire librement leurs Vifites chez tous
ceux qui exercent la Profeffion de Fourbiffeur en vertu de
Lettres du Prévôt de nôtre Hôtel ou autrement , fans neanmoins qu'ils puiffent exiger ny recevoir d'eux aucun Droit de
Vifite , s'ils ne font Maîtres de ladite Communauté , & en cas
que lefdits Jurez - Gardes trouvent quelque contravention à
leurs Statuts ou à ces Prefentes, ils en feront leur Rapport pardevant les Officiers de nôtre Châtelet en la maniere ordinaire.

A R T I C L E X I.

Voulons que conformément à nôtre Declaration du 3. Mars
1693. & à l'Arrêt de nôtre Confeil du 27. May 1702. chacun
des Jurez qui feront élûs & choifis entre les Anciens , Modernes & Jeunes Maîtres de ladite Communauté indiftinctement,
payé, lorfqu'il entrera en Charge , la fomme de 150. liv. ce qui
fera continué jufqu'à l'entier & parfait rembourfement des

sommes empruntées en execution de nosdits Edits , & après ledit remboursement ladite somme de 150. l. & tous les Droits ordonnez par augmentation en consequence de nôtre Edit du mois de Mars 1691. & des autres Edits ou Declarations intervenuës depuis ledit tems, cesseront d'être perçûs : Voulons aussi que lesdits Jurez en Charge soient tenus solidairement des Deniers de ladite Communauté , & tenus d'en faire la Recette en la forme portée par la Sentence du Lieutenant General de Police du 15. Septembre 1699.

ARTICLE XII.

Voulons que conformément aux Reglemens des Arts & Métiers il soit loisible à tous Maîtres de ladite Communauté de s'établir dans quelques Villes , Bourgs & Lieux que bon leur semblera de nôtre Royaume, & d'y exercer librement leur Profession , & notamment dans les Villes de Lyon, Roüen , Caën , Tours, Bordeaux, & Orleans & autres Villes du Royaume , en justifiant par lesdits Maîtres de leur Reception à la Maîtrise dans nôtredite Ville de Paris.

ARTICLE XIII.

Deffendons à tous Maîtres de ladite Communauté qui auront des Poinçons, de les prêter à d'autres Maîtres , ny aux Privilegiez ou autres en quelque sorte & maniere que ce puisse être , à la reserve des Veuves de Maîtres, à peine de 150. liv. applicables comme dessus contre chacun desdits Maîtres contrevenans pour la premiere fois, & d'interdiction de leur Maîtrise en cas de récidive , s'il est ainsi ordonné par ledit Lieutenant General de Police : Voulons que conformément aux Reglemens rendus au sujet du Corps desdits Marchands Orfévres , les Veuves de ladite Communauté des Fourbisseurs apportent , quinze jours après la publication des Presentes , au Bureau de ladite Communauté leurs Poinçons pour y être rompus , à peine de pareille somme , sauf à elles à faire marquer leurs Ouvrages, dûëment essayez, par tel Maître de ladite Communauté qu'elles voudront choisir.

ARTICLE XIV. & DERNIER.

Voulons au furplus que les Statuts, Articles & Ordonnan-ces concernans la Communauté defdits Maîtres Marchands Fourbiffeurs, Declarations, Arrêts & Reglemens rendus en confequence, foient executez felon leur forme & teneur : SI DONNONS EN MANDEMENT à nos Amez & Féaux Confeil-lers les Gens tenans nôtre Cour de Parlement & Cour des Monoyes à Paris, que ces Prefentes ils ayent à faire regiftrer, & du contenu en icelles faire joüir & ufer les Jurez, Corps & Communauté des Maîtres Fourbiffeurs de nôtre bonne Ville & Fauxbourgs de Paris, pleinement & paifiblement felon leur forme & teneur : Car tel eft nôtre plaifir : En témoin de quoy Nous avons fait mettre nôtre Scel à cefdites Prefentes : Données à Marly le vingt-quatriéme jour de May mil fept cent fept, & de nôtre Regne le foixante-cinquiéme.

LOUIS.

Par le Roy, PHELYPPEAUX.

Regiftrées, oüy le Procureur General du Roy, pour joüir par ladite Communauté de leur effet & contenu, & être executées felon leur forme & teneur, fuivant & aux charges portées par l'Arrêt de ce jour. A Paris en Parlement le douziéme Août mil fept cent dix.

LORNE.

Vû au Confeil, CHAMILLART.

Regiftrées, oüy le Procureur General du Roy, pour joüir par ladite Communauté de leur effet & contenu, & être executées felon leur forme & teneur, aux charges portées par l'Arrêt de ce jour. Fait à Paris en la Cour des Monoyes le trois Septembre mil fept cent dix.

GUEUDON.

ARREST DE LA COUR DE PARLEMENT,

qui ordonne que les Lettres Patentes seront communiquées au Lieutenant General de Police , & au Substitut du Procureur du Roy au Châtelet de Paris , pour donner leur Avis sur icelles.

Du 6. Août 1707.

VEU par la Cour les Lettres Patentes du Roy données à Marly le 24. May 1707. Signées LOUIS , & plus bas par le R O Y , P H E L Y P P E A U X , scellées du Grand Sceau de Cire jaune , obtenuës par Marc le Roy ; Guillaume la Garde ; Pierre Heudebert & Guillaume Pages, Jurez-Gardes de la Communauté des Maîtres Marchands Fourbisseurs de la Ville & Fauxbourgs de Paris , par lesquelles , pour les Causes y contenuës , le Seigneur Roy a uni & incorporé à ladite Communauté les Offices de Contrôlleurs-Visiteurs des Poids & Mesures , & de Greffiers des Enregistremens des Brevets d'Apprentissage, Lettres de Maîtrises & autres Actes concernans ladite Communauté ; ensemble les Fonctions & Droits y attribuez , conformément à la Soumission du 24. Juillet 1707. en payant les sommes de 11000. liv. de Finance , & celle de 1100. liv. pour les deux sols pour livre dans les termes portez par l'Arrêt du Conseil du 27. Juillet 1706. permet à ladite Communauté, pour faciliter le payement desdites sommes, d'emprunter leurs Deniers en tout ou partie ; comme aussi celle de 600. liv. pour les frais necessaires pour l'Emprunt & Recouvrement desdites sommes : Veut le Seigneur Roy , que ceux qui prêteront lesdits Deniers ayent hypotheque sur tous les Biens de ladite Communauté , & specialement sur les Droits & Gages desdits Offices qui y demeureront affectez & hypothequez , & en outre d'imposer , si besoin est , lesdites sommes sur les Maîtres & Veuves de ladite Communauté, même sur ceux & celles qui ont fait signifier leur Renonciation à la Maîtrise depuis le mois de Mars 1691. & à cet effet d'en faire un Etat de Repartition de ce que chacun d'eux devra fournir ; lequel Etat sera arrêté par le sieur d'Argenson , & les dénommez audit Etat contraints comme pour Deniers Royaux, à condition que lesdits Maîtres & Veuves seront payez des interêts desdites sommes par ladite Communauté sur le pied du Denier vingt , lesquels ne commenceront que du jour qu'ils auront achevé de payer leur Cotte-part en entier, & seront payez desdits interêts jusqu'à leur actuel remboursement , à la charge par lesdits Jurez-Gardes de rendre compte desdites sommes ainsi qu'il est accoûtumé ; & pour maintenir la Discipline qui doit être entr'eux , & empêcher les entreprises & les abus qui se font sur leur Profession ; ordonne, le Seigneur Roy , que les quatorze Articles redigez en l'Assemblée de ladite Communauté en forme de Statuts & Reglemens, seront executez selon leur forme & teneur , ainsi que plus au long le contiennent lesdites Lettres à la Cour adressantes : Requête presentée par les Impetrans afin d'Enregistrement desdites Lettres ; Conclusions du Procureur General du Roy : Oüy le Rapport de Me. Claude le Doux, Conseiller : TOUT CONSIDERE' : LA COUR avant de proceder à l'Enregistrement desdites Lettres, ordonne que lesdites Lettres seront communiquées au Lieutenant General de Police , & au Substitut du Procureur du Roy au Châtelet de Paris, pour donner leur Avis sur icelles ; pour ce fait rapporté & communiqué au Procureur General du Roy , être ordonné ce que de raison. Fait en Parlement le 6. Août 1707.

Signé, DU TILLET.

PREMIER AVIS de Monsieur le Lieutenant General de Police , & de Monsieur le Procureur du Roy , du 5. Septembre 1707.

VEU PAR NOUS MARC-RENE' DE VOYER DE PAULMY, Chevalier, Marquis d'Argenson, Conseiller du Roy en ses Conseils , Maître des Requêtes ordinaire de son Hôtel ,

Lieutenant

Lieutenant General de Police de la Ville, Prévôté & Vicomté de Paris; & Claude Robert , Conseiller du Roy en ses Conseils, Procureur de Sa Majesté au Châtelet , Ville & Fauxbourgs de Paris , les Lettres Patentes données à Marly le 24. May 1707. Signées LOUIS , & plus bas par le Roy , PHELYPPEAUX , scellées du Grand Sceau de Cire jaune, par lesquelles Sa Majesté auroit ordonné qu'en payant par les Jurez-Gardes , Anciens Maîtres de ladite Communauté des Maîtres Marchands Fourbisseurs de la Ville & Fauxbourgs de Paris , aux sieurs Elie Biest , Nicolas Cartier chargez du recouvrement de la Finance qui doit provenir de l'execution des Edits des mois de Janvier & Août 1704. la somme de 11000. l. de Finance, & celle de 1100. l. pour les deux sols pour livre dans les termes portez par l'Arrêt du Conseil du 27. Juillet 1706 : Sçavoir, le principal sur les Recepissez desdits Biest , Cartier, leurs Procureurs ou Commis , portans Promesse de fournir la Quittance du Tresorier des Revenus Casuels, & les deux sols pour livre d'icelle sur leur simple Quittance; l'Office de Contrôleur-Visiteur des Poids & Mesures , & celuy de Greffier des Enregistremens des Brevets d'Apprentissage , Lettres de Maîtrises, & autres Actes, en ce qui concerne ladite Communauté, ensemble les Fonctions & Droits y atrribuez, demeureront réünis & appartiendront à ladite Communauté , conformément à la Soumission du 26. Juillet dernier, aux Gages actuels & effectifs par chacun an de 275. liv. dont le fond sera employé dans les Etats des Finances de la Generalité de Paris à commencer du premier Janvier 1706. pour en joüir suivant ladite Soumission ; permet Sa Majesté à ladite Communauté pour faciliter le payement desdites sommes , d'en emprunter les Deniers, en tout ou partie , comme aussi celle de 600. livres pour les aider à supporter les frais necessaires au sujet de l'Emprunt & Recouvrement desdites sommes : Veut Sa Majesté que ceux qui prêteront les Deniers ayent hypotheque sur tous les Biens & Effets de ladite Communauté, & specialement sur lesdits Droits & Gages qui y demeureront affectez & hypothequez ; permet en outre Sa Majesté ausdits Jurez-Gardes d'imposer , si besoin est, lesdites sommes en tout ou partie sur les Maîtres & Veuves de ladite Communauté , même sur ceux & celles qui ont fait signifier leur Renonciation à la Maî-

I

trife depuis le mois de Mars 1691. & à cet effet d'en faire
un Etat de Repartition de ce que chacun d'eux devra fournir ;
lequel Etat fera arrêté par Nous Sieur d'Argenfon , & les dénommez en iceluy contraints comme pour les propres Deniers
& Affaires de Sa Majefté , à condition que lefdits Maîtres &
Veuves feront payez des interêts defdites fommes par ladite
Communauté fur le pied du Denier vingt, lefquels neanmoins
ne commenceront à courir , à l'égard de chacun d'eux , que du
jour qu'ils auront achevé de payer leur Cotte-part en entier ,
& ils feront payez defdits interêts jufqu'à leur actuel rembourfement , à la charge par lefdits Jurez-Gardes de rendre compte
toutes fois & quantes defdites fommes, ainfi qu'il eft accoûtumé ; & pour donner moyen à ladite Communauté de payer
non-feulement lefdits arrerages annuellement , mais encore
d'acquitter de tems à autre quelque chofe fur le principal, afin
qu'elle foit liberée le plus promptement qu'il fera poffible ;
comme auffi pour maintenir la difcipline qui doit être entr'eux ,
& empêcher les Entreprifes qui fe font fur leur Profeffion ;
Sa Majefté auroit ftatué & ordonné qu'il foit reçû dans ladite
Communauté deux Maîtres fans qualité par chacun an jufqu'à
l'entier remboursement des Deniers empruntez par ladite Communauté pour le fervice de Sa Majefté , en execution des Edits
des mois de Mars 1691. & 14. Juillet 1702. Janvier & Août
1704. fans que les fommes qui proviendront de la Reception
defdits Maîtres fans qualité puiffent être employées à autre
ufage. Que tous les Anciens qui feront appellez au Bureau
pour vifiter les Chefs-d'œuvres , feront tenus de s'y trouver
finon déchûs de leurs Droits , qui demeureront au profit de ladite Communauté , s'il eft ainfi ordonné par le fieur Lieutenant General de Police ; defquels Droits lefdits Jurez & Gardes
fe chargeront en Recette pour en répondre en leurs propres
& privez noms : Veut Sa Majefté que dans toutes les Affemblées qui feront convoquées audit Bureau chacun des Anciens,
Modernes & Jeunes qui y feront mandez donne fa Voix à fon
tour , fuivant le rang de fa Reception à la Maîtrife , & que
ceux qui y cauferont quelque trouble ou manqueront de refpect,
foient privez defdites Affemblées, de l'Ordonnance dudit Sieur
Lieutenant General de Police ; que les Afpirans à la Maîtrife
feront conduits par un Ancien à fon tour , fuivant l'ordre du

Catalogue des Maîtres de ladite Communauté, à moins que l'Aſpirant ne fût Apprentif d'un Ancien , auquel cas ledit Ancien pourra le conduire ſans être déchû des Droits qui luy appartiendront comme Ancien. Qu'il y aura au Bureau de la-dite Communauté des Regiſtres bien & dûëment paraphez par premier & dernier feüillet par ledit Sieur Lieutenant Ge-neral de Police , pour y enregiſtrer la Reception des Maî-tres & des Apprentifs, les Ouvertures de Boutiques , Lettres de Jurandes , Poinçons , Tranſports de Brevets , Contrats paſſez au profit des Créanciers de ladite Communauté , Rem-bourſement deſdits Contrats , Reddition des Comptes , Déli-berations , la Recette en détail des Droits de Viſites , & ge-neralement toutes les Affaires qui concerneront ladite Com-munauté , leur deffendant de laiſſer dans leſdits Regiſtres au-cunes feüilles en blanc ; & feront les Contrevenans condam-nez envers ladite Communauté en la ſomme de 50. liv. ou telle autre que ledit ſieur Lieutenant General de Police eſtimera con-venable ; que les deux Jurez ſortans de Charge ſeront tenus la premiere année après leur Jurande d'aſſiſter les Jurez qui leur ſuccederont, & d'être preſens à tous les Actes qui ſeront paſ-ſez au Bureau , ſous pareille peine contre les Contrevenans , ſans qu'il ſoit attribué d'autres Droits auſdits deux Jurez ſor-tans que l'exemption des Droits de Viſites pendant ladite an-née ſeulement, comme il s'eſt toûjours pratiqué. Qu'il ſera fait un Inventaire de tous les Papiers & autres Effets qui ſeront trouvez au Bureau de ladite Communauté , dont les Jurez , tant preſens qu'à venir , ſe chargeront ſucceſſivement ſur un Regiſtre auſſi dûëment ſigné & paraphé par premier & der-nier feüillet par ledit Sieur Lieutenant General de Police , & ils en ſeront déchargez à côté de l'Article qui les chargera , après qu'ils en auront rendu un fidele compte , conformément audit Inventaire , à la fin de leur Jurande ; que les Viſites ſe-ront faites en la maniere ordinaire ; les Jurez tenus de compter de la totalité deſdits Droits ſuivant le Catalogue des Maîtres de ladite Communauté , le tout conformément à la Declaration de Sa Majeſté du 24. Juillet 1696. & faute par aucuns deſdits Maîtres & Veuves de payer leſdits Droits , ils ſeront déchûs de la Maîtriſe , s'il eſt ainſi ordonné par ledit Sieur Lieutenant

General de Police ; que les Jurez-Gardes de ladite Communauté feront tenus de fe rendre au Bureau tous les Jeudis de chacune femaine , s'il n'eft pas Fête , finon le lendemain , & d'y demeurer depuis trois heures après midy jufqu'à fix heures du foir , pour agir fur tout ce qui concernera ladite Communauté ; leur défend Sa Majefté d'emporter les Deniers , Papiers & autres Effets chez eux, à peine de 150.l. dont 50.l. d'amende envers le Roy, pareille fomme au profit de ladite Communauté, & le furplus pour le Dénonciateur, & feront tous lefdits Deniers, Papiers & Effets dépofez dans l'Armoire du Bureau fous les quatre Clefs ordinaires , à peine de pareille fomme applicable comme deffus. Que toutes les Dépenfes qui feront faites par les Jurez fans une Déliberation arrêtée au Bureau de ladite Communauté , feront nulles & en pure perte pour ceux qui les auront ordonnées.

Et d'autant que les Maîtres Fourbiffeurs ont la faculté conformément à l'Article 18. du Reglement de l'Orfévrerie du 30. Decembre 1679. de fondre & apprêter les Matieres d'Or & d'Argent , & qu'il feroit entierement impoffible d'arrêter le cours des fraudes & malverfations qui fe commettent à ce fujet , qu'en ôtant toute occafion & prétexte aux faux Ouvriers de travailler dans les Lieux Privilegiez , ou prétendus tels : Ordonne Sa Majefté conformément à l'Arrêt du Confeil du 18. Mars 1684. & à la Declaration de Sa Majefté du 28. Juin 1705. concernant le Corps des Marchands Orfévres, & la Communauté des Maîtres Graveurs de ladite Ville, que tous Compagnons Fourbiffeurs qui fe font refugiez dans les Cloîtres, Hôtels, Prieurez, Colleges & autres Lieux ; & notamment dans l'Enclos du Temple , de S. Denis de la Chartre , de S. Jean de Latran & de l'Abbaye S. Germain, feront tenus huitaine après la Publication defdites Lettres deuëment regiftrées au Parlement de Paris , de fortir defdits Lieux , & de fe retirer chez les Maîtres Fourbiffeurs de ladite Ville de Paris , à peine de punition exemplaire. Défend Sa Majefté à eux & à tous autres de travailler en Chambres, ny ailleurs, que chez lefdits Maîtres Fourbiffeurs, conformément à l'Article 13. des Statuts de ladite Communauté; permet Sa Majefté aux Jurez-Gardes d'icelle de faire librement leurs

Vifites dans lefdits Lieux Privilegiez , ou prétendus tels , & défend Sa Majefté de leur apporter aucuns troubles dans lefdites Vifites, fous telle peine qu'il appartiendra. Leur permet pareillement Sa Majefté de faire librement leurs Vifites chez tous ceux qui exercent la Profeffion de Fourbiffeur , en vertu de Lettres du fieur Prévôt de l'Hôtel de Sa Majefté , ou autrement , fans neanmoins qu'ils puiffent exiger , ny recevoir d'eux aucun Droit de Vifite , s'ils ne font Maîtres de ladite Communauté ; & en cas que lefdits Jurez - Gardes trouvent quelque contravention à leurs Statuts , ou aux autres Lettres , ils en feront leur Rapport pardevant les Officiers du Châtelet en la maniere ordinaire. Veut Sa Majefté , que conformément à fa Declaration du 3. Mars 1693. & à l'Arrêt du Confeil du 27. May 1702. chacun des Jurez qui feront élûs & choifis entre les Anciens , Modernes & Jeunes Maîtres de ladite Communauté indiftinctement , paye , lorfqu'il entrera en Charge, la fomme de 150. liv. ce qui fera continué jufqu'à l'entier & parfait rembourfement des fommes empruntées , en execution defdits Edits , & après ledit rembourfement ladite fomme de 150. liv. & tous les Droits ordonnez par augmentation , en confequence de l'Edit du mois de Mars 1691. & des autres Edits ou Declarations intervenuës depuis ledit tems, cefferont d'être perçûs. Veut auffi Sa Majefté que lefdits Jurez en Charge foient tenus folidairement des Deniers de ladite Communauté , & tenus d'en faire la Recette en la forme portée par la Sentence dudit fieur Lieutenant General de Police du 15. Septembre 1699. Veut Sa Majefté que conformément aux Reglemens des Arts & Métiers il foit loifible à tous Maîtres de ladite Communauté de s'établir dans quelques Villes , Bourgs & Lieux que bon leur femblera du Royaume , & d'y exercer librement leur Profeffion , & notamment dans les Villes de Lyon , Roüen , Caën , Tours , Bordeaux & Orleans ; en juftifiant par lefdits Maîtres de leur Reception à la Maîtrife dans ladite Ville de Paris. Défend Sa Majefté à tous les Maîtres de ladite Communauté qui auront des Poinçons, de les prêter à d'autres Maîtres, ny aux Privilegiez ou autres , en quelque forte ou maniere que ce puiffe être, à la referve des Veuves de Maîtres , à peine de 150. liv.

applicables comme-deſſus contre chacun deſdits Maîtres contrevenans pour la premiere fois, d'interdiction de leur Maîtriſe
en cas de récidive , s'il eſt ainſi ordonné par ledit ſieur Lieutenant General de Police. Veut Sa Majeſté que conformément
aux Reglemens rendus au ſujet du Corps deſdits Marchands
Orfévres , les Veuves de ladite Communauté des Fourbiſſeurs apportent 15. jours après la Publication deſdites Lettres,
au Bureau de ladite Communauté , leurs Poinçons , pour y
être rompus , à peine de pareille ſomme , ſauf à elles à faire
marquer les Ouvrages dûëment eſſayez par tel Maître de ladite
Communauté qu'elles voudront choiſir. Veut au ſurplus Sa
Majeſté que les Statuts, Articles & Ordonnances concernans
la Communauté deſdits Maîtres Marchands Fourbiſſeurs ,
Declarations , Arrêts & Reglemens rendus en conſequence ,
ſoient executez ſelon leur forme & teneur ; l'Arrêt de la
Cour du Parlement du 6. Août dernier , par lequel la Cour
avant proceder à l'Enregiſtrement deſdites Lettres, a ordonné
qu'elles Nous ſeroient communiquées pour donner nôtre
Avis ſur leſdites Lettres ; pour ce fait rapporté & communiqué
à Monſieur le Procureur General du Roy , être ordonné ce
que de raiſon. ET TOUT CONSIDERE'.

NOUS SOMMES D'AVIS , ſous le bon plaiſir de la Cour , que
les 14. Articles de nouveaux Reglemens contenus dans les
Lettres Patentes du 24. May dernier , ne contiennent rien
qui ne ſoit conforme aux Ordonnances & Reglemens de
Police , & qui ne ſoit avantageux ; qu'ainſi l'Enregiſtrement
que la Cour voudra bien en ordonner ne paroît ſuſceptible
d'aucun inconvenient. Fait à Paris le cinquiéme Septembre
mil ſept cent ſept. Signé MARC DE VOYER D'ARGENSON ,
& ROBERT en la Minute.

GAUDION.

EXTRAIT DES REGISTRES
du Parlement.

ENTRE Pierre Fouquet , Ancien Fourbiſſeur & Ancien
Juré de la Communauté des Maîtres Fourbiſſeurs &

Jurez de cette Ville, Fauxbourgs de Paris, & Conforts, tous
Maîtres de ladite Communauté, & Oppofans entre les mains
de Monfieur le Procureur General, fuivant l'Acte du dixiéme
Novembre dernier, à l'Enregiftrement des Lettres Patentes
obtenuës par les Deffendeurs cy-après nommez du 24. May
1707. & Deffendeurs, d'une part : & Marc le Roy ; Guillaume
la Garde, Pierre Heudebert & Guillaume Pages, cy-devant
Jurez de ladite Communauté, Deffendeurs & Demandeurs
fuivant la Requête & Exploit du 23. Février 1708. à ce qu'il
fût dit que main-levée leur feroit faite de l'Oppofition cy-
devant formée par ledit Fouquet, tant fous fon nom, que
celuy de Conforts, dont il feroit tenu de declarer les noms,
& en confequence que les Lettres Patentes accordées par le
Roy ledit jour 24. May 1707. feroient enregiftrées au Greffe
de ladite Communauté pour être executées felon leur forme
& teneur, & lefdits Fouquet & Conforts, Demandeurs en
Requête du 28. Avril dernier, à ce qu'il fut ordonné que dans
quinzaine pour toutes préfixions & délais, lefdits le Roy &
Conforts feroient tenus de communiquer & donner Copie
aux Demandeurs de la prétenduë Déliberation qu'ils préten-
dent avoir été faite en la Chambre de la Communauté des
Maîtres Fourbiffeurs à Paris, enfemble l'Arrêt du Confeil
énoncé dans l'expofé des Lettres Patentes de Sa Majefté, &
qui ont fervi de prétexte pour l'obtention d'icelles, pour
enfuite fournir telles deffenfes contre leur Demande, faire &
dire ce qu'il appartiendra par raifon, finon & à faute de ce
faire dans ledit tems, & iceluy paffé, ils feroient déboutez de
leur Demande, & condamnez aux dépens en leurs propres &
privez noms, même fans repetition contre ladite Communauté, d'une part ; & lefdits Marc le Roy, la Garde, Heudebert & Pages, cy-devant Jurez, Deffendeurs, d'autre part ; & encore entre lefdits Pierre Fouquet & Conforts, Demandeurs en
Requête le 24. May dernier, à ce qu'ils fuffent reçûs Oppofans à toute la Procedure fur laquelle ledit Marc le Roy, &
Conforts ont furpris l'Arrêt par deffaut le 12. dudit mois de
May, fignifié le 19. defdits mois & an, & en tant que befoin
eft ou feroit audit Arrêt par deffaut ; faifant droit fur l'Oppofition, declarer toute la Procedure & ledit Arrêt nuls, & en

confequence qu'il fut ordonné que l'Arrêt obtenu par lefdits
Fouquet & Conforts du 23. May, feroit executé, & condamner
lefdits le Roy & Conforts aux dépens en leurs propres & privez noms ; & Deffendeurs, d'une part ; & lefdits fieurs le Roy
& Conforts, Deffendeurs & Demandeurs en Requête du 6.
Juin dernier, à ce qu'ils fuffent reçûs Oppofans audit Arrêt
obtenu par deffaut par lefdits Fouquet & Conforts, ledit jour
23. May, fignifié le 5. dudit mois de Juin dernier; faifant
droit fur ladite Oppofition, declarer la Procedure nulle, au
principal que les Parties en viendront au premier jour à l'Au-
dience, & condamner lefdits Fouquet & Conforts aux dépens,
d'autre part ; & encore entre Jacques Parquoy, Jean Laudon,
Jean Valette & Blaife Coulombe, Jurez de la Communauté
defdits Maîtres Fourbiffeurs à prefent en Charge, au lieu de
Marc le Roy & Conforts, Demandeurs en Requête du 13.
Juin dernier, à ce qu'ils fuffent reçûs Parties intervenantes
en l'Inftance qui eft pendante en la Cour entre lefdits Anciens
Jurez, Pierre Fouquet & Conforts ; faifant droit fur leur inter-
vention, il leur fut donné Aête de ce qu'ils adherent aux
Conclufions qui ont été cy-devant prifes par lefdits le Roy &
Conforts, & en confequence il leur fût adjugé les Conclu-
fions qui ont été cy-devant prifes, & condamner lefdits Fou-
quet & Conforts en tous les dépens, d'une part ; & Pierre
Fouquet ; Nicolas Candieu ; Bonaventure Ravoifier ; Jean-
Antoine Patron ; Alexandre Candieu ; Nicolas de la Roche ;
Pierre Jacquemin ; Lucien Maupetit ; François du Tartre ;
François Damame ; Loüis de la Roche ; Jacques Crefpin ;
Henry Ducanel ; Loüis Ravoifier ; Edme l'Enfant ; Nicolas
de Billy ; Maurice Langlois ; Loüis Cancier ; François Gor-
reau ; Adrien Rivault ; Jacques Rouffeau ; Alexandre le Cocq
& Jean Regnault, tous Anciens Jurez de ladite Communauté
des Maîtres Fourbiffeurs à Paris, au nombre de 23. Maîtres,
Deffendeurs, d'autre part ; & entre lefdits Fouquet & Conforts,
Demandeurs en Requête du 20. Juillet dernier, à ce qu'en
venant plaider fur l'Oppofition formée par lefdits Demandeurs
à l'Enregiftrement des Lettres Patentes dont eft queftion, obtenuës par lefdits le Roy & Conforts, & fur leurs Demandes,
les Parties viendront pareillement plaider fur la Requête : Ce
faifant,

faifant , il fut ordonné fur le premier Article defdites Lettres Patentes, qu'il ne feroit libre que de recevoir fix Maîtres
fans Apprentiffage , qui payeroient 500. liv. chacun & les
Droits ordinaires , & à la charge que leurs Enfans Mâles
nez avant la Reception , ne pourront être reçûs qu'en payant
200. liv. Sur le deuxiéme Article, que les Maîtres convoquez
qui ne feroient pas aux Affemblées , payeroient 30. fols d'a-
mende applicable aux Pauvres de ladite Communauté , quand
ils viendroient une heure après celle qui feroit indiquée pour
fe trouver à ladite Affemblée pour déliberer des Affaires
d'icelle , & que les voyes & fuffrages fe donneroient &
recouvreroient fuivant l'Ordre du Tableau & dans le rang
ordinaire conformément au Catalogue , & que les Déliberations qui ne feroient du moins fignées des Jurez & des Anciens
Maîtres ne pourroient avoir de préference ; les Articles 3. 4.
6. 8. 13. & 14. pafferont fans reftriction : l'Article 5. fera
entierement fupprimé : l'Article 7. fera moderé , & ceux qui
ne payeront pas les Droits & Charges ordinaires feront pour-
fuivis comme pour Deniers Royaux : fur l'Article 9. ajoûter
que les Jurez ne pourront faire des emprunts , créer ny rembourfer des Rentes qu'après une convocation ou confentement du plus grand nombre des Anciens en la maniere accoûtumée : fur l'Article 10. permis de faire déchéoir du Droit
d'Apprentiffage ceux des Garçons de la Profeffion qui fe
trouveront retirez dans les Colleges & autres Lieux fufpects
& prétendus Privilegiez : fur l'Article 11. que la Communauté
ne prendra des Anciens Jurez , qu'en cas qu'il ne fe trouve pas de Jeunes Maîtres pour remplir les Charges , &
qu'en cas d'Election d'un Ancien, il ne payera aucun autre
Droit que celuy de la Jurande ; l'Article 12. feroit , s'il plaît
à ladite Cour , accordé, & en cas de Conteftations que les
Conteftans fuffent condamnez aux dépens, d'une part; & lefdits
le Roy, la Garde , Heudebert & Pages , cy-devant Jurez ; &
lefdits Parquois , Landon , Valette & Conforts à prefent
Jurez de ladite Communauté, Deffendeurs, d'autre part ; après
que Marc , Avocat de le Roy & Conforts ; Tribollet , Avocat
defdits Fouquet & Conforts, ont été oüis, le Nain pour Procureur General du Roy : LA COUR fans avoir égard à l'Oppo-

K

fition, Ordonne qu'il fera paffé outre à l'Enregiftrement des Lettres Patentes, fi faire fe doit, fauf aux Parties à mettre entre les mains du Procureur General du Roy leurs Memoires & Piéces. Fait en Parlement le douziéme Juin 1709.

Collationné DONGOIS.

Le vingt Juin mil fept cent neuf, fignifié & baillé Copie à M^e. Doüen, Procureur.

PORCHON.

NOMS

De ceux qui ont figné pour l'Enregiftrement des Lettres Patentes qu'il a plû au Roy d'accorder à la Communauté des Maîtres & Marchands Fourbiffeurs de la Ville & Fauxbourgs de Paris :

SÇAVOIR,

Marc le Roy.
Guillaume de la Garde.
Pierre Heudebert.
Guillaume Pages.
Jacques Parquois.
Jean Landon.
Charles Vigneron.
Guy Cauchois.
Jean S. Remy.
Loüis de la Coudre.
Robert Bertier.
Jacques de Vaux.
Jean-Baptifte Dié.
Pierre Renié.
Jacques Remau.
Edme le Mors.

Jean le Tellier.
François Barbier.
Claude Crefpin.
Jean du Tartre.
François Mafton.
Henry Mignot.
Loüis Flament.
Auguftin Blondel.
Jacques Paul.
Edmond Châtelet.
Jean Naudin.
Mathieu Creffey.
Paul Montagne.
Nicolas Flament.
François Jerefme.
Jean S. Remy.

Claude Aubin.
Philippes Rache.
Henry Doyfy.
Jean-Charles du Canez.
Heurfe Languineux.
Jean Doucet.
Guillaume Piquefeu.
Pierre Defta.
Eftienne Boiftié.
Nicolas Barbier.
Pierre Pincemie.
Pierre le Maire.
René Paftor.
Didié Dupleffy.
Jean Greffy.
Pierre du Tartre.
Pierre Chambrie.
Nicolas Die.
François Bois.
Euftache Pafques.
Pierre de Billy.
Nicolas Pafques.
Touffaint Vendofme.
Jean Vallet le Pere.
Jean-Claude Pellerin.
Eftienne Dion.
Claude Dauvergne.
Simon de Billy.
Remy de Billy.
Jean - Baptifte Savaux.
Jean Potto.
Nicolas Chevalier.
Jacques Bouché.
Philippes le Tellier.
Pierre Pehan.

Blaife Coullonné.
Pierre Piroux.
Jacques Dofme.
Remy de Cuiffy.
Antoine Carron.
Laurent Pichon.
Antoine Blaize.
Antoine Moreas.
Philippes Remond.
Jean - Baptifte Flament.
Antoine Mattra.
Jean Remond Vallet.
François Petit.
Sulpice Blanpain.
Antoine Callais.
Jacques Cantain.
Adrien Courtois.
Nicolas Dautté.
Matthieu Bataille.
Jacques Bellangé.
Antoine Pouffet.
Romain du Canez.
Loüis Lacoudre.
Veuve Godeau.
François le Grand.
Veuve Obillard.
Auguftin Gaureau.
Georges Revoire.
Veuve Monfigny.
Claude Megret.
Goddo.
Loüis Gerard.
Veuve Montigny.
Rouffel.
Jean Vigneron.

SECOND AVIS de *Monſieur le Lieutenant General de Police, & de Monſieur le Procureur du Roy du 27. Juin* 1710.

NOUS MARC RENE' DE VOYER DE PAULMY, CHEVALIER, MARQUIS D'ARGENSON, Conſeiller d'Etat ordinaire, Lieutenant General de Police de la Ville, Prévôté & Vicomté de Paris ; & Claude Robert, Conſeiller du Roy en ſes Conſeils, Procureur de Sa Majeſté en ſon Châtelet de Paris.

VEU l'Arrêt de la Cour de Parlement du 6. Août 1707. par lequel la Cour, avant proceder à l'Enregiſtrement des Lettres Patentes obtenuës par les Jurez - Gardes de la Communauté des Maîtres Marchands Fourbiſſeurs de cette Ville & Fauxbourgs de Paris le 24. May audit an 1707. auroit ordonné qu'elles Nous ſeroient communiquées, pour donner nôtre Avis ſur leſdites Lettres, pour ce fait rapporté & communiqué à Monſieur le Procureur General du Roy être ordonné ce que de raiſon ; leſdites Lettres Patentes données à Marly ledit jour 24. May 1707. ſignées LOUIS, & plus bas, par le Roy, PHELYPPEAUX, & ſcellées du grand Sceau de Cire jaune ; nôtre Avis du 5. Septembre 1707. l'Acte d'Oppoſition faite à la Requête de Pierre Fouquet, Maître Fourbiſſeur, Ancien Juré de ladite Communauté & Conſorts, Maîtres d'icelle Communauté, à l'Enregiſtrement deſdites Lettres le 10. Novembre, ſuivant l'Arrêt de la Cour de Parlement du 23 May 1708. portant, que leſdits Jurez ſeront tenus de communiquer & bailler Copie auſdits Fouquet & Conſorts de la Déliberation & de l'Arrêt du Conſeil énoncé auſdites Lettres ; pour enſuite fournir leurs Deffenſes contre la Demande afin d'Enregiſtrement deſdites Lettres, & dire ce qu'il appartiendra : Autre Arrêt du Parlement contradictoirement rendu le 12. Juin 1709. ſur les Concluſions de Monſieur l'Avocat General le Nain, portant, que ſans avoir égard à l'Oppoſition, il ſera paſſé outre à l'Enregiſtrement deſdites Lettres, fi faire fe doit, fauf aux Parties à mettre entre les mains de Monfieur le Procureur General leurs Memoires & Piéces : 3. Actes de défistement d'Ambroife Hebert, Eftienne Cabry & Pierre l'Enfant, Anciens Maîtres Fourbiffeurs, des 12. Avril, 24. & 26. May audit an 1708. & autres Piéces; & tout confideré.

L'Article premier paroît très-bon, & ce qui eft dit par les Oppofans pour en obtenir le changement ou la modification, ne merite pas qu'on y ait égard, puifque rien n'eft plus avantageux à une Communauté, ny plus propre à maintenir fon credit, que de luy procurer les moyens de payer fes Dettes; & qu'il n'y en a point de plus naturel, de moins onereux, ny de plus legitime que celuy de la Reception des Maîtres fans qualité. Il eft vray que les Anciens Maîtres ont un interêt perfonnel que leur nombre n'augmente pas, ou que les Receptions deviennent plus rares & plus difficiles, afin que leur Travail foit moins partagé. Il eft vray auffi que la Difpofition litterale de leurs Statuts femble favorifer leur Oppofition; mais il faut bien que cette regle generale cede à la neceffité des tems & à l'obligation où la Communauté fe trouve d'acquitter les Dettes qu'elle a contractées pour le Service du Roy. Les Oppofans eux-mêmes en conviennent, puifqu'ils confentent qu'il foit reçû fix Maîtres fans qualité; mais ce nombre ne fuffifant pas pour fatisfaire aux fommes que la Communauté n'a pû fe difpenfer d'emprunter, la limitation la plus jufte eft celle propofée par l'Article qui détermine la ceffation de ces Maîtrifes, exemtes du tems & des formalitez de l'Apprentiffage, au payement des Dettes de la Communauté; & ce qu'on peut craindre avec plus d'apparence & de raifon, c'eft qu'il ne fe trouve pas affez d'Ouvriers qui veüillent, ou puiffent payer les fommes neceffaires pour parvenir à leurs Receptions.

L'Article fecond eft de pure difcipline; il s'obferve dans la plûpart des Communautez, & ne contient que des peines comminatoires pour maintenir l'ordre & la tranquillité dans les Affemblées de la Communauté, ainfi nous ne croyons pas qu'il y ait aucun prétexte pour le retracter.

Si l'Article 5. eft nouveau par rapport à la Communauté

des Fourbisseurs, il ne l'est pas dans plusieurs autres, puisque la même chose s'observe dans la Communauté des Tailleurs ; ainsi les Opposans paroissent mal fondez à s'en plaindre, d'autant plus que leur Plainte ne tend pas à exclure des Assemblées les Jurez sortans de Charge ; mais à vouloir que tous les Anciens y soient appellez, ce qui seroit une nouveauté & un embarras ; ainsi ils ont tort de dire que cet Article a pour objet de rendre les Jurez Maîtres absolus de toutes les Déliberations, puisqu'il ne leur donne aucun nouveau Pouvoir.

Quant à l'Article 7. il est vray que les deux Dispositions qu'il renferme, peuvent paroître extraordinaires ; & si on a crû les devoir approuver, c'est parce qu'on les a regardées comme des peines comminatoires qui pourront rendre les Jurez moins faciles à remettre les Droits de la Communauté dont le recouvrement leur est commis. La première qui rend les Jurez responsables de la totalité des Droits de Visites, suivant le Rôlle & non pas suivant la Recette effective qu'ils auront faite, a eu en vûe d'empêcher qu'ils ne remettent à leurs Parens & à leurs Amis ces Droits qu'il a plû au Roy d'imposer sur tous les Maîtres, pour payer les Rentes des sommes qu'ils ont empruntées pour le Service de Sa Majesté, qui ne peuvent être acquittées que sur ce fond-là, & doubleroient bien-tôt le principal, si l'on n'étoit attentif à l'empêcher. La seconde Disposition declare déchûs de la Maîtrise, les Maîtres qui ne payeront pas le Droit de Visite.

L'exactitude rigoureuse du premier Chef paroît se pouvoir soûtenir, parce que si l'on permettoit aux Jurez de ne point faire payer les Pauvres, ils auroient la facilité de mettre dans ce nombre ceux qu'ils voudroient favoriser, & par ce moyen d'exemter leurs Parens & ceux qui auroient concouru à leur Election, de tous les Droits de Visite dont le fonds est destiné au Payement des Rentes que la Communauté a contractées en execution des Declarations du Roy & pour le bien de son Service, d'où il arriveroit que les Créanciers ne seroient payez qu'en partie, & que les autres poursuivroient les Maîtres & les Jurez de la Communauté qui se trouveroit consommée en frais, & obligée de remplacer le montant de ces Rentes non payées par une contribution personnelle & effective, ce qui dérangeroit pour toûjours fes Affaires & fon crédit. On peut cependant faire deux Obfervations fur cet Article.

La premiere, que la feverité qu'il prefcrit n'eft obfervée dans aucune Communauté, puifque les Merciers, les Tailleurs & les Cordonniers ne comptent que de ce qu'ils reçoivent : mais il eft impoffible d'établir une autre Regle, puifqu'il y a parmy eux un grand nombre de Maîtres qui ne fubfiftent que des Aumônes & des fecours qu'ils trouvent dans les Deniers communs de leur Corps, & qui par confequent ne peuvent payer les Droits de Vifite ; ce qui fait qu'il eft comme neceffaire de s'en rapporter à la bonne foy des Gardes & Jurez & à l'interêt qu'ils ont de porter leur Recette jufqu'au montant des Rentes ou des interêts dont ils font tenus, pour n'être pas obligez d'y fuppléer par des emprunts ou par des avances.

La feconde, qu'il ne peut & ne doit jamais être autorifé d'établir la Contrainte par Corps, pour le payement des Droits de Vifite ; & fi dans quelques Arrêts du Confeil il eft ordonné que les Maîtres des Communautez qu'ils concernent, feront contraints au payement de ces mêmes Droits, comme pour les propres Deniers & Affaires de Sa Majefté ; cette Claufe y a été feulement inferée en faveur des Traitans, & non pas au préjudice des Communautez, à l'égard defquelles il paroît jufte au moins que l'effet en ceffe, lorfque les fommes dûes au Roy auront été payées ; cependant il ne fera pas inutile que la Cour veüille bien s'en expliquer encore par l'Arrêt qui interviendra.

La feconde Claufe de cet Article qui prononce une déchéance de la Maîtrife, eft encore plus fevere, & n'a jamais été en ufage dans aucune Communauté ; en effet, il feroit bien trifte qu'un pauvre Maître, homme de bien, qui par divers accidens aura été mis hors d'état de payer les Droits de Vifite, fût dépoüillé pour ce fujet luy & fa Famille du Droit perpetuel que luy donne le Titre de fa Maîtrife ; il peut même arriver que ce pauvre Maître par le fecours de fes Amis rétablira fes Affaires, reprendra une Boutique, ou travaillera en Chambre, & toutes fes reffources luy feroient interdites, fi la Difpofition litterale de cette Claufe comminatoire pouvoit avoir lieu.

Mais il semble que ces deux Claufes font fufceptibles de quelques modifications, qui en conciliant l'interêt des Créanciers avec celuy des Maîtres en particulier & de la Communauté en general, affûrera le payement des uns fans bleffer le Privilege & le Droit des autres.

On pourroit donc par une efpece de temperament, ordonner que les Jurez ne pourroient exemter des Droits de Vifite aucun de leurs Maîtres, ny les employer dans leurs Comptes au Chapitre des non-valeurs, qu'en confequence d'une Déliberation qui fera faite chaque année dans une Affemblée qui fera compofée des Anciens, de 4. Modernes & de 4. Jeunes, laquelle Déliberation contiendra un état des pauvres Maîtres qu'on eftimera devoir être affranchis de ce Droit, & obligera les Jurez en Charge de faire payer tous les autres, & d'employer le montant de ce qu'ils doivent dans la Recette de leur Compte.

L'Article 11 porte que chaque Juré qui fera élû pour la feconde fois, payera 150. liv. auffi-bien que celuy qui eft élû Juré pour la premiere fois. Il eft vray que cet Article eft contraire à la Difpofition précife de la Declaration du Roy du 3. Mars 1693. qui porte, que le Juré élû pour la feconde fois, fera exemt de payer la fomme de 100. liv. établie par cette Declaration; mais comme il eft à propos de choifir entre ces deux differentes Difpofitions celle qui paroît la plus utile à la Communauté, il femble qu'on doive préferer la Difpofition de la nouvelle Declaration, qui tend à obliger les Jurez qui ont déja exercé cette même Charge, à payer encore la fomme de 150. liv. ainfi que les nouveaux Jurez, pour empêcher que les Anciens n'en priffent occafion de fe perpetuer dans la Jurande, & n'y trouvaffent d'autant plus de facilité que les autres Maîtres auroient interêt à les favorifer dans ce deffein, pour éviter le payement de la même fomme, qu'eux feuls devroient, & que les Anciens ne devroient pas.

On pourroit à la verité diminuer la feverité de cet Article, & contenter en quelque forte les Anciens qui feroient encore élûs dans la Jurande, en leur laiffant la liberté de l'accepter en payant les 150. liv. ou de s'en affranchir en la refufant; mais comme cette liberté peut avoir auffi fes inconveniens,

Nous

Nous eftimons qu'il eft encore mieux de s'en tenir à la Difpofition de cet Article. Fait à Paris le vingt-feptiéme Juin mil
fept cent dix. Signé, MARC DE VOYER D'ARGENSON,
& ROBERT en la Minute.

GAUDION.

***

ARREST DE LA COUR DE PARLEMENT,
*qui ordonne que lefdites Lettres Patentes feront enre-
giftrées au Greffe d'icelle, pour joüir par ladite
Communauté de leur effet & contenu.*

Du 5. Août 1710.

VEU par la Cour les Lettres Patentes du Roy données
à Marly le 24. May 1707. fignées, LOUIS; Et plus
bas, Par le Roy, PHELYPPEAUX, fcellées du grand Sceau de
Cire jaune, obtenuës par Marc le Roy; Guillaume de la Garde;
Pierre Heudebert, & Guillaume Pages, Jurez-Gardes de la
Communauté des Maîtres Marchands Fourbiffeurs de cette
Ville & Fauxbourgs de Paris, par lefquelles, pour les caufes
y contenuës, le Seigneur Roy a uni & incorporé à ladite
Communauté les Offices de Contrôlleurs, Vifiteurs des Poids
& Mefures, & de Greffier des Enregiftremens des Brevets
d'Apprentiffage, Lettres de Maîtrifes & autres, en payant la
fomme de 11000. liv. & celle de 1100. liv. pour les deux fols
pour livre ; permet à ladite Communauté, pour faciliter le
payement defdites fommes, de les emprunter en tout ou partie ; comme auffi celle de 600. liv. pour les frais neceffaires,
& d'impofer, fi befoin eft, lefdites fommes fur les Maîtres &
Veuves de ladite Communauté ; & pour maintenir la difcipline
qui doit être dans ladite Communauté, ordonne ledit Seigneur
que les 14. Articles, en forme de Statuts & Reglemens infe-
rez efdites Lettres, feront executez felon leur forme & teneur, ainfi que plus au long le contiennent lefdites Lettres
à la Cour adreffantes ; l'Arrêt du 6. Août 1707. portant, que

L

lefdites Lettres feront communiquées au Lieutenant General
de Police, & au Subftitut du Procureur General du Roy au
Châtelet, pour donner leur Avis fur icelles ; l'Avis dudit
Lieutenant General de Police & dudit Subftitut du 5. Septembre audit an ; l'Arrêt du 12. Juin 1709. contradictoirement rendu contre Pierre Fouquet, Ancien Fourbiffeur &
Ancien Juré de la Communauté des Maîtres Fourbiffeurs &
Jurez de Paris & Conforts, tous Maîtres de ladite Communauté, Oppofans à l'Enregiftrement defdites Lettres; Marc le
Roy ; Guillaume la Garde & Conforts, cy-devant Jurez de
ladite Communauté ; Jacques Pauquey & Conforts, Jurez de
ladite Communauté en Charge au lieu dudit le Roy & autres Intervenans ; par lequel, fans avoir égard à ladite Oppofition, il a été ordonné qu'il fera paffé outre à l'Enregiftrement defdites Lettres, fi faire fe doit, fauf aux Parties à
mettre entre les mains du Procureur General du Roy leurs
Memoires & Piéces; Signification dudit Arrêt du 20. du même
mois; trois Actes de Défiftement d'Ambroife Hebert ; Eftienne
Cabry ; & Pierre l'Enfant, Anciens Maîtres Fourbiffeurs, des
12. Avril, 24. & 26. May 1708. Les Memoires defdites Parties ; l'Avis dudit Lieutenant General de Police & du Subftitut du Procureur General du Roy, du 27. Juin 1710. & la
Requête prefentée par lefdits Impetrans afin d'Enregiftrement
defdites Lettres ; Conclufions du Procureur General du Roy :
Ouy le Rapport de Meffire Claude le Doux, Confeiller; Et TOUT
CONSIDERE': NOSTREDITE COUR ordonne que lef-
dites Lettres feront enregiftrées au Greffe d'icelle, pour joüir
par ladite Communauté de leur effet & contenu, & être executées felon leur forme & teneur, à la charge que les Jurez
en Charge de ladite Communauté feront feulement tenus de
compter defdits Droits de Vifite fuivant la Recette qui en fera
faite, & que les Maîtres qui ne fe trouveront pas en état de
les payer, ne pourront être employez dans les Comptes de ladite Communauté au Chapitre de Non-valeurs, qu'en confequence d'une Déliberation qui fera faite chaque année dans
une Affemblée qui fera compofée des Anciens, de quatre Modernes & de quatre Jeunes, laquelle Déliberation contiendra
un Etat des Pauvres Maîtres qu'on eftimera devoir être affran-

chis defdits Droits , & obligera les Jurez en Charge de faire
payer tous les autres , & d'employer le montant de ce qu'ils
doivent dans la Recette de leurs Comptes , fans neanmoins
que lefdits Jurez puiffent faire contraindre lefdits Maîtres par
Corps au payement defdits Droits , & fans que les Sentences ,
fi aucunes font renduës par le Lieutenant General de Police ,
portans décheances de la Maîtrife à l'égard de ceux qui n'ac-
quitteront pas lefdits Droits , puiffent être executées qu'après
avoir été confirmées par Arrêt de la Cour. Fait en Parlement
le 12ᵉ. jour d'Août 1710.

L O R N E.

Le quinze Septembre mil fept cent dix , fignifié & baillé Copie à
Mᵉ. Doüen , Procureur , en fon domicile, parlant à fon Clerc.

H E M A N T.

ARREST DE LA COUR DES MONOYES,
qui ordonne que lefdites Lettres Patentes feront regif-
trées au Greffe d'icelle , pour joüir par ladite Commu-
nauté de leur effet & contenu , à la charge par les
Maîtres de ladite Communauté qui travaillent en or &
argent , de faire infculper leurs Poinçons au Greffe de
ladite Cour.

Du 3. Septembre 1677.

VEU par la Cour la Requête à Elle prefentée par Marc
le Roy ; Guillaume de la Garde ; Pierre Heudebert ;
Guillaume Pages , Anciens Jurez-Gardes de la Communauté
des Maîtres Marchands Fourbiffeurs de la Ville & Fauxbourgs
de Paris , contenante, qu'il avoit plû au Roy d'accorder à leur
Communauté des Lettres Patentes pour établir une bonne difcipline dans leur Profeffion , lefquelles avoient été expediées
le 24. May 1707, adreffantes au Parlement & à la Cour , ils
en avoient d'abord pourfuivi & obtenu l'Enregiftrement au

L ij

Parlement par Arrêt du 12. Août dernier, & ils se trouvoient obligez d'en demander l'Enregistrement en la Cour, pourquoy requeroit qu'il plût à la Cour ordonner que lesdites Lettres Patentes du 24. May 1707. seroient enregistrées au Greffe de la Cour, pour être executées selon leur forme & teneur : ladite Requête, signée, Roux, Procureur; Vû aussi lesdites Lettres Patentes du Roy données à Marly le 24. May 1707. signées, LOUIS : Et plus bas par le Roy, PHELYPPEAUX, & scellées du grand Sceau de Cire jaune, obtenuës par lesdits Marc le Roy ; Guillaume la Garde ; Pierre Heudebert ; Guillaume Pages, Jurez-Gardes de ladite Communauté, par lesquelles, pour les causes y contenuës, les Offices de Contrôlleurs, Visiteurs des Poids & Mesures, & de Greffier des Enregistremens de Brevets d'Apprentissage, Lettres de Maîtrises & autres, auroient été unis à ladite Communauté, en payant les sommes y portées ; & pour maintenir la discipline qui devoit être dans ladite Communauté, auroient été ordonnez les quatorze Articles en forme de Statuts & Reglemens inserez dans lesdites Lettres & autres Piéces attachées ausdites Lettres ; Conclusions du Procureur General du Roy : Oüy le Rapport de Me. Charles Mareüil, Conseiller à ce commis : Tout vû & consideré : LA COUR a ordonné & ordonne que lesdites Lettres seront registrées au Greffe d'icelle, pour joüir par ladite Communauté de leur effet & contenu, & être executées selon leur forme & teneur, à la charge que les Maîtres Fourbisseurs travaillans en Or & Argent, feront insculper leurs Poinçons au Greffe de la Cour, & que les Jurez de ladite Communauté seront tenus de faire leur Rapport à ladite Cour des Contraventions qu'ils trouveront en faisant leurs Visites, tant au Titre des Matieres d'Or & d'Argent mises en œuvre, que pour la défectuosité des Poinçons, & que les Maîtres dudit Métier qui voudront travailler en Or & Argent ne pourront s'établir que dans les Villes où il y a Jurande d'Orfévrerie, pourquoy ils feront insculper leurs Poinçons dans les Greffes des Monoyes des Provinces, suivant les Ordonnances, Arrêts & Reglemens. Fait en la Cour des Monoyes le 3e. jour de Septembre 1710. Collationné. Contrôllé.

GUEUDRE'.

SENTENCE RENDUE PAR

Monfieur le Lieutenant General de Police , qui ordonne que les Fils de Maîtres ne pourront être élûs Jurez qu'ils n'ayent fix années de Maîtrife , & les autres Maîtres dix années , à peine de nullité des Elections qui feront faites.

Du 28. Avril 1724.

A TOUS ceux qui ces prefentes Lettres verront : Gabriël-Jerôme de Bullion , Chevalier , Comte d'Efclimont, Meftre de Camp du Regiment de Provence , Infanterie , Confeiller du Roy en tous fes Confeils , Prévôt de la Ville , Prévôté & Vicomté de Paris : Salut. Sçavoir faifons ; que vû par Nous Nicolas-Jean-Baptifte Ravot , Chevalier , Seigneur d'Ombreval , & autres Lieux , Confeiller du Roy en fes Confeils , Maître des Requêtes ordinaire de fon Hôtel , Lieutenant General de Police de la Ville , Prévôté & Vicomté de Paris ; la Requête à Nous prefentée par Adrien Courtois , Maître Fourbiffeur d'Epées , & premier Juré de fa Communauté ; Pierre Fouquet , Doyen ; Pierre Galopin ; Matthias Bataille ; Nicolas Diez ; Pierre de Billy ; Thomas Pouret ; Henry Ducanel , Jean Paul ; & René Flagy , Anciens de ladite Communauté ; François Petit ; Jean Allain ; Ange Ducanel ; Vincent Ducanel ; Jacques Paul ; Martin Mariette ; Loüis Levêque ; Nicolas Regnard ; Jacques Danet ; Loüis Paul ; Eftienne Guyon ; Germain Vallée ; Jacques Rouffeau ; Nicolas de Launay , Pierre Bouguefe ; & Pierre-Antoine Fanet, tous Maîtres , Modernes & Jeunes de ladite Communauté , expofitive, que quoique par Edit du mois de Mars 1691. il étoit précifément porté que pour exercer la Fonction de Juré de ladite Communauté , dont les Charges étoient réünies à icelle par ledit Edit , que ceux qui feroient élûs Jurez euffent au moins dix années de Maîtrife & Profeffion , & fes Fils ce

Maîtres au moins fix années auffi de Maîtrife & Profeffion ;
pour être capables d'exercer la Profeffion & Fonction de Juré ;
neanmoins, au préjudice dudit Edit, plufieurs Maîtres de ladite Communauté prétendoient à l'Election prochaine donner
leurs Voix, & faire élire à la Jurande des Maîtres qui n'a-
voient point acquis les dix ny les fix années prefcrites par ledit Edit, ce qui intervertiffoit l'Ordre qui devoit fe confer-
ver dans ladite Communauté que lefdits Expofans avoient
interêt de garder. A ces Causes, requeroient qu'il Nous
plût, vû ledit Edit du mois de Mars 1691. joint à ladite Requête, ordonner qu'il feroit executé ; & en confequence,
qu'en procedant à l'Election des Jurez de ladite Communauté,
il n'en pourroit être élû que de ceux qui auroient dix années
de Profeffion & Exercice ; & à l'égard des Fils de Maîtres,
qu'ils n'euffent au moins fix années de Profeffion & Exercice,
conformément audit Edit, à peine de nullité des Elections qui
feroient faites au préjudice dudit Edit, de tous dépens, dommages & interêts ; à l'effet de quoy, que ladite Requête feroit
communiquée au Procureur du Roy, & que nôtre Sentence
qui interviendroit feroit affichée dans le Bureau de ladite Communauté ; ladite Requête fignée Manchon, Procureur au Châtelet de Paris ; nôtre Ordonnance étant au bas d'icelle, en datte
du 25. Avril 1724. de foit communiquée au Procureur du Roy,
fes Conclufions étant enfuite du 26. defdits mois & an : Vû
auffi le fufdit Edit du Roy donné à Verfailles au mois de Mars
1691. regiftré au Parlement le 14. defdits mois & an : Et le tout
confideré : NOUS DISONS que le fufdit Edit fera executé felon fa forme & teneur ; & en confequence ordonnons qu'à l'avenir aucun Maître Fourbiffeur ne pourra être élû Juré de lad. Communauté qu'il n'ait acquis l'experience & la capacité neceffaires
pour s'en bien acquitter ; fçavoir, les Fils de Maîtres par fix
années & les autres Maîtres par dix années au moins de Maîtrife &
Profeffion actuelle ; & ce conformément audit Edit, à peine de nullité des Elections qui feront faites : Et que la prefente Sentence
fera, à la diligence defdits Expofans, imprimée & affichée
dans le Bureau de ladite Communauté des Maîtres Fourbiffeurs, & tranfcrite fur les Regiftres d'icelle, & executée nonobftant & fans préjudice de l'Appel : En témoin de ce Nous

avons fait fceller ces Prefentes. Ce fut fait & donné par Nous Juge fufdit ple vingt-huitiéme jour d'Avril mil fept cent vingt-quatre. Collationné.

Signé, TARDIVEAU.

L'An mil fept cent vingt-quatre le huitiéme jour de May, à la Requête du fieur Adrien Courtois, Maître Fourbiffeur d'Epées à Paris, & premier Juré de fa Communauté, & autres Maîtres d'icelle y dénommez en la Sentence cy-deffus, demeurant ledit fieur Courtois rüe Saint Antoine, où il a élû fon domicile : J'ay Georges Blanchard, Huiffier à Verge au Châtelet de Paris, demeurant rue de la Coffonnerie, Paroiffe Saint Euftache, fouffigné, fignifié, baillé & laiffé Copie de la préfente Sentence aux fieurs Jurez, Doyen & Communauté des Maîtres Fourbiffeurs d'Epées à Paris, en leur Bureau fis rüe de la Pelleterie, Paroiffe S. Jacques de la Boucherie, en parlant pour eux tous au fieur Pique, leur Clerc ; à ce que du contenu en icelle ils n'en ignorent, & ayent à y fatisfaire, fur les peines y portées ; & leur ay laiffé Copie, tant de ladite Sentence que du préfent, parlant comme deffus.

BLANCHARD.

ARREST DE LA COUR DE PARLEMENT,

qui homologue les Déliberations, Sentences & Reglemens de Police en faveur de la Communauté des Maîtres & Marchands Fourbiffeurs de cette Ville & Fauxbourgs de Paris, des 15. Juin 1714. tant pour ce qui concerne les Pains Benis du 29. Mars 1721. & les Affemblées des Anciens, Modernes & Jeunes Maîtres, à la diligence des Jurez en Charge, que Reglement fur ce, du 20. Janvier 1723. Sçavoir :

1°. A l'égard des Pains Benis, permis aux Jurez de les faire faire, & de faire payer aux Refufans chacun la fomme de trente livres.

2°. Que les derniers Jurez fortis de Charge font tenus

d'affifter les nouveaux Jurez pendant un an , être pre-
fens à tous les Actes qui feront paffez au Bureau de la
Communauté , à peine de 50. liv. d'amende contre cha-
cun des Deffaillans , conformément à l'Article 5. des
Statuts de ladite Communauté , & Lettres Patentes du
24. May 1707.

3°. *Que tous les Anciens , Modernes & Jeunes Maîtres*
de ladite Communauté , au nombre porté par les Re-
glemens , feront tenus de fe trouver aux Affemblées lorf-
qu'il s'agira d'Elections de Jurez , Redditions de
Comptes , qu'Affaires concernant la Communauté , tou-
tes fois & quantes ils y feront mandez de la part des
Jurez , fans pouvoir s'en exemter , fi ce n'eft en cas de
maladie ou autre legitime empêchement , aufquels cas
tenus d'en faire avertir lefdits Jurez , à peine de 10.
liv. d'amende contre chacun des Deffaillants.

Et autorife pareillement lefdits Jurez à la délivrance des
Bougies pour les Prefents à certaines Affemblées.

Du 4. Juillet 1733.

Extrait des Regiftres du Parlement de Paris.

LOUIS par la Grace de Dieu , Roy de France & de
Navarre : Au premier des Huiffiers de nôtre Cour de
Parlement de Paris , ou autre nôtre Huiffier ou Sergent fur ce
requis : Sçavoir faifons ; Que vû par nôtredite Cour la Requête prefentée par Antoine Damame ; Pierre Manceaux ; Jean-
Antoine de la Roche ; & André Pelletier , Maîtres & Marchands Fourbiffeurs de cette Ville de Paris , Jurez & Gardes
en Charge de leur Communauté , à ce qu'il plût à nôtredite
Cour , en confequence de l'Arrêt de nôtredite Cour du 3e.
jour de Juin 1733. de la Déliberation de la Communauté des
Fourbiffeurs

Fourbiffeurs du 6. dudit mois , & des Procès-Verbaux des Sieurs Lieutenant General de Police , & Subftitut de nôtre Procureur General au Châtelet de Paris, & leurs Avis en dattes des 12. 15. & 19. dudit mois de Juin 1733. homologuer la-dite Déliberation en forme de Reglement , fignée des Doyen & Anciens , arrêtée en l'Affemblée tenuë en leur Bureau le Mercredy 13. May 1733. ladite Déliberation étant fur le Re-giftre des Déliberations de la Communauté des Maîtres Four-biffeurs , commencée le 3. Septembre 1706. contrôllée à Paris le 23. dudit mois, en confequence ordonner que ladite Déliberation, en forme de Reglement , fera executée dans la Communauté des Maîtres Fourbiffeurs de cette Ville de Paris felon fa forme & teneur. VEU auffi l'Arrêt du 3. Juin 1733. l'Acte de Déliberation du 6. dudit mois ; l'Avis de nôtre Lieu-tenant General de Police & du Subftitut de nôtre Procureur General au Châtelet , & l'Acte de Déliberation du 13. May 1733. & autres Piéces attachées à ladite Requête fignée le Bouc, Procureur: Conclufions de nôtre Procureur General.

Enfuit la teneur de la Déliberation de la Communauté des Maîtres & Marchands Fourbiffeurs de la Ville de Paris du 13. May 1733.

Du Mercredy 13e. jour de May 1733. après midy ; les Doyen & Anciens de la Communauté des Maîtres Fourbiffeurs de Paris affemblez en leur Bureau ruë de la Pelleterie , par le foin & diligence des Jurez en Charge , a été par eux repre-fenté à l'Affemblée qu'en execution de la Declaration du Roy du 3. Mars 1693. & Arrêt du Confeil d'Etat du Roy du 24. Juillet 1696. Déliberation de la Communauté du premier Juillet 1720. homologuée par Sentence de Police du 8. Sep-tembre audit an 1720. laquelle réduit les Droits de Vifite à 20. fols, qui étoient lors à 40. fols, attendu les Emprunts que la Communauté avoit faits pour les befoins & neceffitez où elle a été réduite , & les Rentes qu'elle étoit obligée de payer à caufe defdits Emprunts, tant pour payer au Roy les Sommes & Deniers que la Communauté a été obligée de payer pour l'Amortiffement & Union à icelle de differentes Charges qui avoient été créées fur elle, qu'autres urgens & preffans befoins ; mais qu'à prefent la Communauté s'étant liberée envers fes

M

Créanciers, & particulierement Jean-Baptiste Grify, Pere & Fils; Antoine Chabrier, à cause de Marie-Hyacinthe Grify, sa Femme, ès noms qu'ils procedent, que des Créanciers opposans sur lesdits Grily esdits noms, par la consignation de leurs Fonds & Arrerages que la Communauté leur devoit, ainsi qu'à Anne-Charlotte de la Haye, Veuve de Jacques Laurent, qui se prétend Proprietaire en partie desdits Fonds de Rente & Arrerages jusqu'au 31. Juillet 1730. que le tout a été porté & offert réellement ausdits Grify, Pere & Fils, au Château de Biseftre, où ils étoient & font encore détenus, qu'à ladite Veuve Laurent; Chabrier & sa Femme, en leur maison à Paris; qu'autres leurs Créanciers, par Exploits de Bonnet, Huiffier à Cheval au Châtelet de Paris; ladite Consignation faite ès mains de Me. Jean-Robert Samson, Conseiller du Roy, Receveur desdites Consignations, qui a été ordonnée par trois Sentences renduës au Châtelet de Paris les 8. Mars 1727. 14. Septembre 1731. & 19. Decembre 1732. comme il paroît par la Quittance dudit sieur Samson du 9. Février dernier, de la somme de 2984. liv. 19. sols 6. deniers; Et comme ces Droits de 40. sols & de réduction à 20. sols n'avoient été imposez sur chacun des Maîtres par chacune des quatre Visites de l'année que pour aider à satisfaire ausdites Créances & Rentes d'icelles, & que ladite Communauté s'étant ainsi liberée à l'exception d'aucuns Anciens ayant passé les Charges dont, & de leurs Administrations en leur tems & Fonctions de Jurande par les Comptes qu'ils ont rendus, font demeurez Créanciers de la Communauté, tant par les Deniers qu'ils ont réellement prêtez & avancez chacun en droit soy, pour lesdits besoins & neceffitez de la Communauté, sans interêts, que par les Clôtures & Arrêtez de leur Compte.

Il a été arrêté d'une commune voix & même volonté; Premierement, qu'à l'avenir, à commencer dès la premiere Visite & ainsi continuer, aucun des Anciens ayant passé les Charges ne payera de Visite, comme cy-devant; Et à l'égard des Modernes, Jeunes & Veuves de Modernes & Jeunes Maîtres payeront feulement chacun 5. sols pour chacune desdites Visites, qui demeureront ausdits Sieurs Jurez pour les aider à furvenir aux frais & débourfez qui leur convient faire pendant lefdites Vifites , dont ny eux ny leurs Succeffeurs efdites Charges n'auront aucuns Comptes à rendre à la Communauté pour les Caufes fufdites , ainfi qu'il s'eft pratiqué avant lefdites Declarations & Arrêts , Déliberation & Homologation d'icelle fufdattez.

Secondement , que pour rendre à l'avenir les Anciens , Modernes & Jeunes Maîtres de la Communauté plus reguliers aux Affemblées qu'il convient faire au Bureau pour le bien & Affaires d'icelle , il fera délivré à chacun de ceux qui feront prefens feulement une Bougie de Cire blanche du poids de deux onces , du prix de laquelle Cire fera tenu compte aux Sieurs Jurez de prefent en Charge , & leurs Succeffeurs efdites Charges , en la Dépenfe de ceux qui rendront Compte de leur Adminiftration à la Communauté fur la fimple Quittance de l'Epicier-Cirier , lefquelles Bougies tiendront nature de Droits de Prefence à chacun de ceux qui feront mandez & qui feront prefens , fans qu'autre en puiffe prétendre ny recevoir.

Troifiémement , & que la Déliberation du 15. Juin 1714. pour ce qui regarde les Pains-Benis qui doivent être rendus par les Confreres , Anciens , Modernes & Jeunes Maîtres de la Communauté , chacun à fon tour , & homologuée par Sentence de Police du 29. Mars 1721. fera executée felon la forme & teneur ; comme auffi la Sentence de Police du 20. Janvier 1723. concernant les Affemblées convoquées à la diligence des Jurez en Charge & leurs Succeffeurs efdites Charges ; ladite Sentence fondée fur les Lettres Patentes données par Sa Majefté le 24. May 1707. regiftrées en Parlement le 12. Août 1710. feront pareillement executées en tout leur contenu felon leur forme & teneur , fans y contrevenir ; & afin que la prefente Déliberation foit ferme & ftable , & que nul n'y contrevienne , lefdits Sieurs Jurez font autorifez à l'effet de la faire homologuer non-feulement en la Chambre de Police , mais encore au Parlement , ce qu'ils font priez de ne pas differer ; les frais & débourfez de l'une & l'autre Homologation leur feront paffez & alloüez en la Dépenfe des Comptes qu'ils rendront de leur Adminiftration à ladite Communauté , ainfi que du fecond Article de ladite prefente Déliberation concernant les Bougies , dont la dépenfe fera pareillement paffée

& alloüée aufdits Sieurs Jurez & leurs Succeffeurs efdites Charges, fur les fimples Quittances du Marchand Cirier qui fera lefdites Fournitures qui feront au pied de ces Memoires.

Comme auffi que tous les Modernes & Jeunes Maîtres qui feront choifis & élûs Jurez à la pluralité des Voix annuellement en l'Hôtel de Monfieur le Procureur du Roy, payeront, comme cy-devant, chacun la fomme de 150. liv. au profit de la Communauté, avant la preftation de Serment, & ainfi continuer fans interruption ès mains du Juré Comptable; & encore que les Maîtres qui font débiteurs à la Communauté des Droits de Vifite & de Confrerie, feront tenus les payer fans délay ès mains dudit fieur Juré Comptable qui en comptera.

Fait clos & arrêté au Bureau de ladite Communauté ledit jour 13. May 1733. Signé, N. de la Roche; J. Compagnon; N. Martin; Pouret; Simon Ravoifié; Droüot; J. Viton; Callet; A. Damour; Mercier; Renard; A. le Cocq: C. L. Flagy; Hodé; Charpentier; Gounod; Durant; Lenfant; Pellerin; Bataille; R. Flagy; L. H. Richard; Aveline; N. L. le Cocq; R. de Billy; Bidault; S. Rivault; Courtois; Bougués; Maupetit; L. Pouffet; Raché; Valet; Bois, Aubry; Raimault; Valet; L. Gerard; Flamant; E. Guyon; & Manfais; & en marge eft écrit: Contrôllé à Paris ce 23. May 1733. reçû 12. fols. Signé, D'HURBAL.

Collationné par les Confeillers du Roy, Notaires au Châtelet de Paris, fouffignez, fur l'Original de ladite Déliberation étant fur le Regiftre des Déliberations de la Communauté des Maîtres Fourbiffeurs, commencé le 3. Septembre 1706. ledit Regiftre reprefenté & rendu cejourd'huy 23. May 1733. Ainfi figné, HUERNE & MOUETTE, avec chacun un Paraphe.

Ouy le Rapport de Me. Anne-Loüis Pinon de Quincy, Confeiller: TOUT CONSIDERE': NOSTREDITE COUR homologue ladite Déliberation du 13. May 1733. pour être executée felon fa forme & teneur. Si mandons mettre le prefent Arrêt à execution: De ce faire te donnons Pouvoir. Donné en Parlement le 4. Juillet, l'an de grace 1733. & de nôtre Regne le dix-huitiéme. Collationné , GUENARD. Par la Chambre , figné , DUFRANC, avec Paraphe.

L'Arrêt cy-deſſus , & des autres parts imprimé , a été baillé & délivré à chacun des Anciens , Modernes & Jeunes Maîtres & Marchands Fourbiſſeurs de cette Ville & Fauxbourgs de Paris, par Bonnet , Huiſſier à Cheval au Châtelet de Paris , & de cette Communauté , les ſept & huitiéme jours d'Octobre 1733. afin qu'aucun n'en ignore & ait à s'y conformer , aux peines y portées.

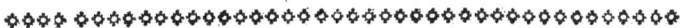

❖❖❖ ❖❖❖❖❖❖❖❖❖❖❖❖❖❖❖❖❖❖❖❖❖❖❖❖❖❖❖❖❖❖❖

SENTENCE RENDUE PAR MONSIEUR
le Lieutenant General de Police , qui deffend aux Gardes , Syndics ou Jurez des Communautez , d'admettre aucuns Aſpirans à la Maîtriſe qu'ils n'ayent payé les Droits dûs auſdites Communautez ; Et qui leur enjoint de les preſenter à Monſieur le Procureur du Roy pour être reçûs , & prêter le Serment devant luy.

Du Vendredy 18. Juin 1734.

A TOUS CEUX QUI CES PRESENTES LETTRES VERRONT : Gabriël-Jerôme de Bullion , Chevalier, Comte d'Eſclimont , Brigadier des Armées du Roy , Meſtre de Camp du Regiment de Provence, Infanterie, Conſeiller du Roy en tous ſes Conſeils , Prévôt de la Ville , Prévôté & Vicomté de Paris , SALUT. Sçavoir faiſons ; que ſur ce qui Nous a été remontré par le Procureur du Roy , qu'il étoit informé que contre la Diſpoſition préciſe de tous les Statuts & Reglemens des Corps des Marchands & Communautez d'Arts & Métiers de cette Ville & Fauxbourgs de Paris , les Gardes , Syndics & Jurez ont depuis quelques années introduit l'uſage abuſif de recevoir de ceux des Aſpirans qui ſont hors d'état de payer entierement leurs Receptions , les Droits de Preſence qui leur ſont perſonnellement accordez, préferablement à ceux attribuez auſdits Corps & Communautez pour leſdites Receptions , ſur leſquelles ils se contentent de recevoir seulement des-à-comptes de sommes modiques , & prennent des Billets ou Obligations pour le surplus payables dans des termes , qui pour la plûpart ne sont point payez par la negligence des Gardes & Jurez ou l'insolvabilité des Aspirans qui les ont faits ; ausquels neanmoins lesdits Gardes & Jurez en recevant ces à-comptes, donnent des Permissions de travailler sans les avoir auparavant presentez audit Procureur du Roy pour les recevoir , les enregistrer sur ses Registres , & leur faire prêter le Serment , qui est le seul Titre qui assûre leur Etat, & leur être délivré des Lettres de Maîtrise , sans lesquelles ils n'ont aucun Droit d'exercer leurs Professions ; que sur la foy de ces Permissions ces Aspirans contractent des Mariages , & de concert avec lesdits Gardes & Jurez s'établissent dans Paris , y exercent leurs Métiers & Professions pendant nombre d'années comme s'ils étoient reçûs Marchands ou Maîtres des Corps & Communautez ausquels ils se sont presentez pour y être admis , & par ce moyen profitent du benefice de leur Commerce , sans que pendant le tems qu'ils sont Débiteurs des Droits de leur Reception , ils contribuënt en rien aux charges desdits Corps & Communautez, ce qui multiplie les faux Ouvriers, qui ne laissent après leur mort aucune qualité à leurs Veuves ny à leurs Enfans qui se trouvent frustrez de l'esperance de pouvoir jamais parvenir à être reçûs Marchands ou Maîtres des Professions ou Métiers qui ont été exercez par leurs Peres pendant leur vie , dans lesquels ils ont été par eux élevez & instruits , comme étant destinez à leur succeder dans lesdits Etablissemens, & sont réduits dans l'impossibilité de s'établir ; Et comme ces abus interessent également l'Ordre public & le repos & la tranquillité des Familles des Marchands & Artisans de cette Ville & Fauxbourgs de Paris , le bien de l'Etat , celuy de tous les Corps des Marchands & Communautez d'Arts & Métiers & des Particuliers, & qu'il est de son devoir & de son Ministere d'en arrêter le progrès , en prévenant tout ce qui pourroit y donner lieu , & de veiller à l'execution des Statuts & Reglemens desdits Corps & Communautez, & assûrer l'Etat de ceux qui y sont admis. Pourquoy requeroit les Arrêts , Sentences & Reglemens de Police ; ensemble les Statuts des Corps des Mar-

chands & Communautez d'Arts & Métiers de la Ville & Fauxbourgs de Paris, être executez selon leur forme & teneur, &
en consequence deffenses fussent faites aux Maîtres & Gardes
des Corps des Marchands, Syndics & Jurez desdites Communautez, de plus à l'avenir admettre aucuns Aspirans qu'ils
n'ayent entierement payé lefdits Droits dûs auldits Corps &
Communautez, leurs Receptions, ny de recevoir d'eux des
à-comptes, soit en Especes, Billets ou Obligations, à peine
de demeurer garants & responsables envers les Corps & Communautez, des sommes qui leur resteront dûës au sujet desdites Receptions, & d'être condamnez personnellement & par
corps à les payer ; leur être enjoint, à peine de déchéance de
la qualité de Gardes, Syndics & Jurez pour la premiere fois,
même de celles de Marchands ou Maîtres, & être condamnez
en telle amende qu'il appartiendra en cas de récidive ; qu'aussi-
tôt qu'ils auront admis un Aspirant dans leurs Corps & Communautez de le presenter audit Procureur du Roy, pour être
par luy reçû, enregistré, & luy faire prêter Serment en tel cas
requis, & luy être ensuite lesdites Lettres de Marchands ou
Maîtres délivrées par le Greffier en la maniere accoûtumée ;
& ordonné que la Sentence qui interviendroit sur son Requisitoire seroit à sa diligence imprimée, lûë, publiée & affichée
dans les Lieux & Carrefours accoûtumez, même dans tous les
Bureaux des Corps des Marchands & Communautez d'Arts
& Métiers de la Ville & Fauxbourgs de Paris, & par-tout où
besoin seroit, & signifiée à sa Requête aux Gardes, Syndics
& Jurez desdits Corps & Communautez, & enregistrée sur
leurs Registres ; être enjoint auldits Gardes, Syndics & Jurez
d'y tenir la main, & de luy remettre un Certificat dans huitaine dudit Enregistrement ; ledit Requisitoire, signé Moreau.
SUR QUOY, ayant égard au Requisitoire dudit Procureur du
Roy, & conformément à iceluy, Ordonnons que les Arrêts,
Sentences & Reglemens de Police, ensemble les Statuts des
Corps des Marchands & Communautez d'Arts & Métiers de
la Ville & Fauxbourgs de Paris, seront executez selon leur
forme & teneur, & en consequence faisons deffenses aux Maîtres & Gardes des Corps des Marchands, & aux Syndics &
Jurez desdites Communautez, de plus à l'avenir admettre aucuns

Afpirans qu'ils n'ayent payé entierement les Droits dûs aufdits Corps & Communautez pour leurs Receptions , ny de recevoir d'eux des à-comptes , foit en Efpeces , Billets ou Obligations , à peine de demeurer garants & refponfables en leurs propres & privez noms envers lefdits Corps & Communautez des fommes qui refteront dûës defdites Receptions , & d'être condamnez perfonnellement & par corps à les payer. Leur enjoignons , à peine d'être déchûs de la qualité de Gardes, Syndics & Jurez pour la premiere fois , même de celle de Marchands ou Maîtres , & d'être condamnez en telle amende qu'il appartiendra en cas de récidive ; qu'auffi-tôt qu'ils auront admis des Afpirans dans leurs Corps ou Communautez, de les prefenter audit Procureur du Roy pour être par luy reçûs , enregiftrez fur fes Regiftres, & leur faire prêter le Serment devant luy, en tel cas requis , & leur être enfuite les Lettres de Marchands ou Maîtres délivrées par le Greffier en la maniere ordinaire & accoûtumée. Ordonnons en outre que nôtre prefente Sentence fera, à la diligence dudit Procureur du Roy , imprimée , lûë , publiée & affichée dans les Lieux & Carrefours accoûtumez , même dans tous les Bureaux des Corps des Marchands & Communautez d'Arts & Métiers de la Ville & Fauxbourgs de Paris, & par-tout où befoin fera, & fignifiée à fa Requête aufdits Gardes defdits Corps & aux Syndics & Jurez defdites Communautez , & enregiftrée fur leurs Regiftres. Enjoignons aufdits Gardes , Syndics & Jurez d'y tenir la main , & de remettre un Certificat dudit Enregiftrement dans huitaine audit Procureur du Roy , ce qui fera executé nonobftant & fans préjudice de l'Appel. En témoin de ce Nous avons fait fceller ces Prefentes , qui furent faites & données par Nous R E N E' H E R A U L T , Chevalier , Seigneur de Fontaine-Labbé & de Vaucreffon & autres Lieux , Confeiller d'Etat , Lieutenant General de Police de la Ville , Prévôté & Vicomté de Paris , tenant le Siége le Vendredy dix-huit Juin mil fept cent trente-quatre.

C U I R E T.

L'An mil fept cent trente-quatre le dix-huitiéme jour d'Août , à la Requête de Monfieur le Procureur du Roy au Châtelet de Paris , pour lequel

lequel Domicile eft élû en fon Hôtel fis Place Royale , Paroiffe Saint Paul : J'ay François Fournival , Huiffier à Verge au Châtelet de Paris, y demeurant rüe Beaubourg, Paroiffe Saint Merry , fouffigné , fignifié & baillé Copie de la Sentence cy - deffus aux Jurez de la Communauté des Maîtres Fourbiffeurs à Paris, en leur Bureau fis rüe de la Pelleterie, parlant à leur Clerc ; à ce que du contenu en ladite Sentence ils n'en ignorent , & ayent à s'y conformer fous les peines y portées , les fommant & interpellant de l'enregiftrer fur leurs Regiftres , pour être par eux , & ceux qui leur fuccederont efdites Charges , executée felon fa forme & teneur , & dudit Enregiftrement fournir un Certificat à Monfieur le Procureur du Roy dans huitaine pour toute préfixion & délay , finon je leur ay déclaré que Monfieur le Procureur du Roy fe pourvoira contr'eux pour les y faire contraindre , ainfi qu'il avifera bon être ; & laiffé la prefente Copie enfemble de ladite Sentence aufdits Jurez , parlant que deffus.

MOREAU.

FOURNIVAL.

❖❖❖❖❖❖❖❖❖❖❖❖❖❖❖❖❖❖❖❖❖❖❖❖❖❖❖❖❖❖❖❖❖❖❖❖❖|❖❖❖❖❖❖❖

EDIT DU ROY, PORTANT

Suppreffion des deux Offices de Tréforiers - Payeurs des Gages des Corps & Communautez d'Arts & Métiers de Paris , & des deux Offices de Con-trôlleurs.

Donné à Verfailles au mois de Decembre 1734.

LOUIS par la Grace de Dieu, Roy de France & de Navarre : A tous prefens & à venir ; SALUT. Nous étant fait reprefenter en nôtre Confeil nôtre Edit du mois de Juin 1710. par lequel Nous aurions créé deux Offices de Tréforiers-Payeurs des Gages des Corps & Communautez d'Arts & Métiers , & d'Officiers à Bourfe commune de nôtre bonne Ville & Generalité de Paris; l'un, fous le Titre d'Ancien & My-triennal , & l'autre, fous le Titre d'Alternatif & My-trien-

N

nal ; & deux autres Offices de Contrôlleurs defdits Tréforiers-
Payeurs ; Nous avons reconnu que ces differens Offices n'é-
toient plus d'utilité , & que leur fuppreffion apporteroit
dans la fuite un avantage confiderable aufdits Corps & Communautez d'Arts & Métiers ; par ces confiderations Nous
nous fommes déterminé à les fupprimer , & à pourvoir au
Remboursement de ceux defdits Titulaires qui font en état de
le recevoir. A ces Causes, & autres à ce Nous mouvans ,
de nôtre certaine fcience, pleine puiffance & autorité Royale ,
Nous avons par le prefent Edit perpetuel & irrevocable ,
fupprimé & fupprimons les deux Offices de Tréforiers-Payeurs
des Gages des Corps & Communautez d'Arts & Métiers , &
d'Officiers à Bourfe commune de nôtre bonne Ville & Generalité de Paris , & les deux Offices de Contrôlleurs defdits
Tréforiers , à commencer du premier Janvier 1731. Ordonnons que le fieur Eftancelin, Payeur ancien & My-triennal defdits Gages , & le fieur Hamel pourvû des deux Offices de
Contrôlleurs , feront rembourfez de leurs Finances principales , & deux fols pour livre par eux payez pour le prix defdits
Offices , avec le Prêt & Droit Annuel qu'ils ont payé pour les
années 1731. & 1732. attendu qu'ils ont été privez de la joüif-
fance de leurs Offices pour lefdites deux années , enfemble
des interêts au denier vingt des fommes qui fe trouveront leur
être dûës depuis le jour de leur Dépoffeffion , jufqu'à leur actuel
& parfait Rembourfement , fur les Deniers deftinez au payement des Gages des Corps & Communautez d'Arts & Métiers
de nôtre bonne Ville & Fauxbourgs de Paris , pour les années
1731. 1732. & fuivantes , en cas d'infuffifance , fuivant la
liquidation qui en fera faite , fur laquelle les Receveurs Generaux de nos Finances & Gabelles , ou autres Payeurs , feront
tenus de remettre aufdits fieurs Eftancelin & Hamel , qui leur
en donneront leurs Quittances comptables , les fonds defdits
Gages jufqu'à concurrence du montant de ladite liquidation ,
en juftifiant par ledit fieur Eftancelin de l'appurement de fes
Comptes , lefquelles Quittances feront paffées & allouées dans
les Comptes defdits fieurs Receveurs Generaux des Finances
& Gabelles , fans difficulté ; & quant à l'Office alternatif &
My-triennal de Payeur defdits Gages dont le fieur Deftrehan

eſt décedé Titulaire , avons ſurſis à pourvoir au rembourſe-
ment du prix dudit Office juſqu'à l'appurement des Comptes
dudit ſieur Deſtrehan à la Chambre ; & pour indemniſer les
Corps & Communautez d'Arts & Métiers de nôtre bonne
Ville & Fauxbourgs de Paris , du rembourſement ci-deſſus ,
Nous leur avons attribué & attribuons la joüiſſance des Droits
de ſix liv. pour chaque Reception à la Maîtriſe , & pareille
ſomme de ſix livres pour chaque Ouverture de Boutique ou
Exercice de Profeſſion , qui avoient été attribuez auſdits
Offices , à commencer du premier Janvier 1731. juſqu'à concurrence de la ſomme que chaque Corps & Communauté aura
payé pour ſa part de ce rembourſement, ſauf après ledit rembourſement à être par Nous ordonné ce qu'il appartiendra
ſur la continuation ou ſuppreſſion deſdits Droits , deſquels ,
tant qu'ils ſubſiſteront , les Maîtres , Gardes , Syndics & Jurez
deſdits Corps & Communautez d'Arts & Métiers , ſeront
tenus de compter annuellement par bref état deſdits Droits
dans les formes ordinaires ; & à l'égard de tous les autres
Droits portez par l'Edit du mois de Juin 1710. ils demeureront éteints & ſupprimez , comme de fait Nous les éteignons
& ſupprimons par nôtre preſent Edit. SI DONNONS EN
MANDEMENT à nos Amez & Feaux Conſeillers les Gens
tenans nôtre Cour de Parlement , Chambre des Comptes &
Cour des Aydes à Paris , que le preſent Edit ils ayent à faire
lire , publier & regiſtrer , & le contenu en iceluy garder &
obſerver ſelon ſa forme & teneur , nonobſtant tous Edits ,
Declarations , Arrêts , & autres choſes à ce contraires , auſquels
Nous avons dérogé & dérogeons par nôtre preſent Edit ,
lequel ſera publié & affiché par-tout où beſoin ſera : CAR tel
eſt nôtre plaiſir ; & afin que ce ſoit choſe ferme & ſtable à
toûjours , Nous y avons fait mettre nôtre Scel. DONNE'
à Verſailles au mois de Decembre , l'an de Grace mil ſept
cens trente-quatre , & de nôtre Regne le vingtiéme. Signé ,
LOUIS ; *Et plus bas ,* Par le Roy , PHELYPEAUX. *Viſa ,*
CHAUVELIN. Vû au Conſeil , ORRY. Et ſcellé du grand
Sceau de Cire verte en lacs de Soye rouge & verte.

Regiſtré , oüy ce requerant le Procureur General du Roy , pour être executé ſelon ſa forme & teneur , & être les Comptes des Droits de ſix livres attribuez aux Corps & Communautez d'Arts & Métiers de cette Ville , Fauxbourgs , Banlieuë & Generalité de Paris , pour chaque Réception à la Maîtriſe ; & de pareille ſomme de ſix livres auſſi à eux attribuez pour chaque Ouverture de Boutique , ou Exercice de Profeſſion à eux attribuez par le preſent Edit , rendus devant le Lieutenant General de Police de cette Ville de Paris , pour les Communautez d'Arts & Métiers de cettedite Ville ; & devant les Lieutenans Generaux de Police des autres Lieux pour les Corps & Communautez d'Arts & Métiers deſdits Lieux , & par Appel en la Cour , ſuivant l'Arrêt de ce jour. A Paris en Parlement le quinze Janvier mil ſept cent trente-cinq.

Signé, DUFRANC.

TABLE

Des Piéces contenuës en ce Recuëïl.

www.ingramcontent.com/pod-product-compliance
Lightning Source LLC
Chambersburg PA
CBHW071517200326
41519CB00019B/5963